志邦 新譯

大願本尊 地藏寶經

志邦 新譯
大願本尊 地藏寶經

간명하게 풀어쓴 지장경 신역본

서 문

경전에 내재되어 있는 의미를 찾아서

불보살의 대자대비는 남녀노소, 상하좌우가 따로 없고 정수(精髓)이기에 시공을 초월한 존앙(尊仰)의 대상이다.

그 중에서도 지장보살은 석가모니 열반 이후 미륵부처님이 오실 때까지 남섬부주 교화를 부촉(咐囑) 받았기에 남방화주(南方化主) 대원본존(大願本尊)으로 존칭하는 대표적인 신앙이다.

다만, 지옥세계 중생들까지 모두 구제하기 전에는 결코 성불하지 않겠다고 서원한 까닭에 많은 사부대중들이 무주구혼(無主孤魂)의 영가(靈駕)들을 천도하는 보살로만 알고 있는 것은 참으로 안타까운 일이다.

선지식에 의해 지장경의 수승한 번역본은 오래전부터 출간되었다. 그러나 그동안 출간되었던 상당수 번역본은 원

어 누락이 많고, 대부분 자구(字句) 중심으로 해석하다 보니, 경전의 근본적인 의미를 전달하기에는 부족한 점이 있었다.

  이에 역자는 경전에 내재되어 있는 의미를 이해하는 것이 무엇보다 중요하다고 판단하여 편경(編經)을 시작하였다.

  그동안 선지식들의 노고가 없었더라면 역자의 편경은 더욱 많은 난관이 있었을 것인 바, 감사의 회향을 올린다.

  지장경의 수지 독송을 통해 다겁다생 쌓은 업장들이 수승불(隨乘佛)의 가피로 승화되기를 진심으로 축원한다.

불기 2562년 6월
인왕산염불암에서 志邦

차 례

서문

제1장 개요
　　지장경이란 무엇인가 _ 11
　　지장경의 내용과 의미 _ 13
　　지장(地藏)이란 _ 15

제2장 지장보살본원경(地藏菩薩本願經)
　　제1품 도리천궁신통품(忉利天宮神通品) _ 21
　　제2품 분신집회품(分身集會品) _ 37
　　제3품 관중생업연품(觀衆生業緣品) _ 42
　　제4품 염부중생업감품(閻浮衆生業感品) _ 49
　　제5품 지옥명호품(地獄名號品) _ 63
　　제6품 여래찬탄품(如來讚歎品) _ 68
　　제7품 이익존망품(利益存亡品) _ 79
　　제8품 염라왕중찬탄품(閻羅王衆讚歎品) _ 86

제9품 칭불명호품(稱佛名號品) _ 97
　　　제10품 교량보시공덕품(校量布施功德品) _ 102
　　　제11품 지신호법품(地神護法品) _ 108
　　　제12품 견문이익품(見聞利益品) _ 112
　　　제13품 촉루인천품(囑累人天品) _ 125

제3장 불교란 무엇인가

　　　불교의 의미 _ 135
　　　무엇을 믿을 것인가 _ 141
　　　어머니 마음처럼 넓은 불법(佛法) _ 145
　　　무상정등각(無上正等覺)의 길 _ 148
　　　육식, 금해야 하나 _ 151
　　　정법산암(正法山岩)의 가치 _ 154
　　　제법실상(諸法實相)의 견해차 _ 159
　　　보왕삼매론과 보살행 _ 163

[부록] 용어 설명

志邦 新譯

大願本尊 地藏寶經

제1장

개 요

지장경이란 무엇인가

　지장경의 원래 명칭은 지장보살본원경(地藏菩薩本願經)이다. 국내에는 당나라 실차난타(實叉難陀, Sikasananda)의 번역본(2권)이 많다. 우전국(于闐國) 태생인 실차난타는 음역으로 표기한 것인데, 의역으로는 학희(學喜), 혹은 희학(喜學)으로 부른다. 고대 인도의 표준문장어인 산스크리트어(Sanskrit)로 구성된 화엄경을 낙양(洛陽)으로 들여와 보리유지(菩提流志, Bodhiruci) 등과 번역하였다.
　보리유지도 우전국 출신으로 원래의 이름은 달마유지(達磨流志)라고 불렸으나, 주나라 측천무후(則天武后)가 보리유지라는 이름을 하사하였다. 우전국은 타클라마칸(Taklamakan) 사막의 남서쪽에 위치한 곳으로 현재에는 화전(和田)으로 신장위구르 자치구(新疆维吾尔自治区, Xīnjiāng Wéiwúěr Zìzhìqū)에 형성되었던 고대국가이다.
　지장보살본원경은 지장보살의 서원이 무엇이며, 수지 독송에 따른 풍요와 가피를 설명하면서 경전에 내재되어 있는 불가사의한 힘을 강조하고 있다.

예를 들면, 지장경을 한 구절만이라도 수지 독송하거나 듣기만 해도 무량겁 동안 중생이 쌓은 업장을 소멸함으로써 해탈의 경지에 이를 수 있다는 희망을 준다.

특히 지장경은 지장보살의 본원을 설파한 내용으로 세존께서 어머니를 위해 도리천에서 설했는데, 무명의 중생들이 고통 받는 것을 자세하게 설명하면서 구제할 수 있는 방법을 제시하고 있다.

지장보살은 부처님으로부터 특별히 부촉 받아 남섬부주(南贍浮洲) 중생들을 구제하는 화주(化主)이므로 남방화주라고도 부른다. 또한 원력이 높고도 넓고 깊어 어느 누구와도 비교할 수 없기에 대원본존(大願本尊)이라고 칭한다.

불가(佛家)에서 지장경을 대표적인 효경(孝經)으로 꼽는 것도 그만한 이유가 있는 것이다. 선망부모의 극락왕생을 염원하는 법회의식에서 봉송되고 있으며, 중생들의 한량없는 업장소멸 참회기도에도 독송된다. 그런 점에서 지장경은 부모 자식 간의 한량없는 자비와 사랑을 깨우쳐 주는 효경의 근원이자, 중생을 이끌어 주는 구제경(救濟經)이며, 성불성취의 발원경(發願經)이며, 지장보살의 위신력을 통해 인간다운 삶을 부촉하는 인경(仁經)이라고 할 수 있다.

지장경의 내용과 의미

　지장경은 지장보살이 무량 방편을 통해 무간지옥에서 고통 받고 있는 중생들(천상, 인간, 아수라, 아귀, 축생, 지옥)을 구제하기 위해 세운 서원을 총 13품으로 설하고 있다.
　한 중생이라도 지옥에서 고통을 받고 있다면 결코 성불하지 않겠다는 서원은 지장보살을 대원본존(大願本尊)의 원력(原力)으로 앙양하는 힘이다.
　무량 지옥의 모습들이 상세하게 묘사되어 있을 뿐만 아니라 부모를 포함, 선망조상들의 극락왕생을 위한 공덕도 설명한다. 이처럼 지장보살은 무간지옥에서 고통을 받고 있는 중생들을 구원하는 보살이다.
　석가모니 부처님의 위촉을 받아 미륵불(彌勒佛)이 나타날 때까지(무불시대) 중생들을 구제한다. 관세음보살과 함께 불교신자들이 대표적으로 신앙하는 보살이다.
　지장보살은 부처의 적멸시대, 즉 석가모니 부처님 입멸 이후 미래의 부처님인 미륵불이 출현하지 않은 난세에 중생들을 교화한다.

지장보살은 석가모니 부처님 앞에서 지옥이 완전히 비어 있지 않으면 자신은 절대 성불하지 않으며, 일체 중생을 제도한 이후 깨달음을 이룰 것이라고 다짐했다.

　사찰에서 명부전, 지장전, 시왕전으로 표기된 전각은 지장보살을 모신 곳이다. 본래의 형상은 보관(寶冠)으로 장엄했지만, 지장십륜경 등의 기록에 따라 삭발을 한 모습(사문형, 沙門形)으로 변화하였다. 가사를 입은 채 지옥문을 부순다는 석장(錫杖, 육환장)과 어둠을 밝히는 장상명주를 들고 있다. 육환장은 육바라밀(보시, 지계, 인욕, 정진, 선정, 지혜)을 상징한다.

지장(地藏)이란

　지장(地藏)은 산스크리트어 크시티가르바(Ksitigarbha)를 의역한 표기이다. 크시티가르바는 대지(大地)의 태(胎), 혹은 자궁(子宮)이라는 의미를 함축한다. 대지, 즉 땅을 감싸 주는 구원자로 해석할 수 있다.
　그런 의미에서 지장보살은 땅의 보살, 대지(大地)보살이기도 하다. 자연 만물의 복전인 대지는 우주의 덕을 갖추고 있을 뿐만 아니라 모든 생명체의 생장과 발육, 중생들의 인생터전이기 때문이다.
　대지에는 일곱 가지 덕성이 있는데, 칠지의(七地義)라고 부른다. 지장보살의 무량위덕을 대지의 덕성에 비유하는 것이다.
　칠지의(七地義)의 일곱 가지 덕성은 다음과 같다.
　능생의(能生義) : 대지는 일체의 생물에게 생명체를 불어 넣고 생장(生長)시킨다. 이와 같이 지장보살은 육도중생들을 설법으로 생장 시현시킨다.
　능섭의(能攝義) : 대지는 일체의 생명체를 자연 속에서 편안하게 한다. 지장보살은 일체묘법을 통해 중생들을 대성각(大聖覺)의 길로 인도하여 쉬게 한다.

능재의(能載義) : 대지는 일체의 광식물을 떠받치는 복전이다. 지장보살은 중생들의 고통을 어루만지면서 피안(彼岸)에 이르게 한다.

능장의(能藏義) : 대지는 일체의 만물을 생육하면서도 잘 간직한다. 지장보살은 일상의 끊임없는 선행과정으로 무량 중생들을 악으로부터 구출하고 보호한다.

능지의(能持義) : 대지는 원만하여 만물을 잘 보존한다. 지장보살은 어떠한 중생도 포기하는 법이 없다. 단 한 사람의 중생이라도 지옥에 있다면 성불하지 않겠다고 서원한 것이 이를 증명해 준다.

능의의(能依義) : 대지는 만물이 의지하는 보금자리이다. 지장보살은 일체 중생들의 변함없는 안식처이다.

견뇌부동의(堅牢不動義) : 대지는 너무나 견고하여 가볍게 움직이지 않는다. 이같이 중생구제의 서원이 확고한 지장보살의 다짐은 흔들리지 않고 무너지지 않는다.

지장보살을 표기할 때 장(藏)이라는 말은 포용, 비밀, 함육(含育) 등의 다양한 의미를 지닌다. 또한, 일체중생의 삿된 생각을 바로잡고 멈추게 함으로써 그들을 인도한다는 뜻을 담고 있다.

장(藏)은 크게 세 가지 의미가 있는데, 중생을 교화하기 위한 지혜가 충만하다는 지덕(智德), 중생의 번뇌와 무명을 끊어 준다는 단덕(斷德), 일체 중생의 발원을 성취하게 한다는 은덕(恩德)이다. 이렇게 지덕과 단덕과 은덕을 삼덕장(三德藏)이라고 한다.

지장보살은 정작 자신을 위한 원은 세우지 않고(悲願) 육도중생을 교화한다. 평온한 마음으로 깊은 삼매에 들어 변함없이 중생들을 제도하는 마음, 그것이 바로 지장의 참된 의미이다.

志邦 新譯

大願本尊 地藏寶經

제2장

지장보살본원경
(地藏菩薩本願經)

제1품 도리천궁신통품(忉利天宮神通品)

　如是我聞 一時 佛 在忉利天 爲母說法 爾時 十方無量 世界不可說不可說一切諸佛 及大菩薩摩訶薩 皆來集會 讚歎 釋迦牟尼佛 能於五濁惡世 現 不可思議大智慧神通之力 調伏剛强衆生 知苦樂法 各遣侍者 問訊世尊

　나는 이와 같이 들었다. 부처님께서 도리천에 계실 때 어머니(마야데비, Mayadevi)를 위하여 법을 설하셨다. 그 때 마침 무량의 부처님과 대보살들이 그 자리에서 부처님을 찬탄하였다. 세존께서 중생들에게 오탁악세에 어느 누구도 할 수 없는 지혜와 신통력으로 세상의 이치를 말씀해 주신다는 것이다.

　是時 如來含笑 放百千萬億大光明雲 所謂大圓滿光明雲 大慈悲光明雲 大智慧光明雲 大般若光明雲 大三昧光明雲 大吉祥光明雲 大福德光明雲 大功德光明雲 大歸依光明雲 大讚嘆光明雲

여래께서 밝은 얼굴로 무량의 광명을 보이시니 그것은 대원만광명운, 대자비광명운, 대지혜광명운, 대반야광명운, 대삼매광명운, 대길상광명운, 대복덕광명운, 대공덕광명운, 대귀의광명운, 대찬탄광명운이었다.

放如是等不可說光明雲已 又出種種微妙之音 所謂檀婆羅蜜音 尸羅婆羅蜜音 羼提婆羅蜜音 毗離耶婆羅蜜音 禪婆羅蜜音 般若婆羅蜜音 慈悲音 喜捨音 解脫音 無漏音 智慧音 大智慧音 獅子吼音 大獅子吼音 雲雷音 大雲雷音

여래께서는 대광명을 보이신 후 거룩한 음성을 나타내셨다. 그것은 단바라밀, 시라바라밀, 찬제바라밀, 비리야바라밀, 선바라밀, 반야바라밀, 자비, 희사, 해탈, 무루, 지혜, 대지혜, 사자후, 대사자후, 운뢰, 대운뢰의 형언할 수 없는 감동이었다.

出如是等 不可說不可說音已 娑婆世界 及他方國土 有無量億 天龍鬼神 亦集到忉利天宮 所謂四天王天 忉利天 須閻魔天 兜率陀天 化樂天 他化自在天 梵衆天 梵輔天 大梵天 少光天 無量光天 光音天 少淨天 無量淨天 遍淨天 福生天 福愛天 廣果天 嚴飾天 無量嚴飾天 嚴飾果實天 無想天 無煩天 無熱天 善見天 善現天 色究竟天 摩醯首羅天 乃至

非想非非想處天 一切天衆 龍衆 鬼神等衆 悉來集會

  그 때 삼라만상 무량의 하늘, 용, 신들이 모였는데, 사천왕천, 도리천, 수염마천, 도솔타천, 화락천, 타화자재천, 범중천, 범보천, 대범천, 소광천, 무량광천, 광음천, 소정천, 무량정천, 변정천, 복생천, 복애천, 광과천, 엄식처, 무량엄식천, 엄식과실천, 무상천, 무번천, 무열천, 선견천, 선현천, 색구경천, 마혜수라천, 비상비비상처천, 천룡 등의 여러 신들이었다.

  復有他方國土 及娑婆世界 海神 江神 河神 樹神 山神 地神 川澤神 苗稼神 晝神 夜神 空神 天神 飲食神 草木神 如是等神 皆來集會 復有他方國土 及娑婆世界諸大鬼王 所謂 惡目鬼王 噉血鬼王 噉精氣鬼王 噉胎卵鬼王 行病鬼王 攝毒鬼王 慈心鬼王 福利鬼王 大愛敬鬼王 如是等鬼王 皆來集會

  그뿐만이 아니었다. 여러 국토와 사바세계의 바다, 강, 하천, 나무, 산, 땅, 내와 못, 곡식, 낮, 밤, 허공, 하늘, 음식, 초목신 등 무량의 신들이 모두 모였다. 그리고 모든 귀왕들, 이른바 사나운 눈매를 가진 악목귀왕, 피를 빨아 먹는 담혈귀왕, 정기를 빨아 먹는 담정기귀왕, 태와 알을 먹는 담태귀왕, 유행(전염)병을 퍼뜨리는 행병귀왕, 독기 품은 섭독귀왕, 자비심이 충만한 자심귀왕, 만복과 이익을 주는 복리귀왕, 매우 사랑스럽고 공경할 만한 대애경귀왕까지 모두 법회에 모였다.

爾時 釋迦牟尼佛 告文殊師利法王子菩薩摩訶薩 汝觀是一切諸佛菩薩 及天龍鬼神 此世界 他世界 此國土 他國土 如是 及來集會 到 忉利天者 汝知數否 文殊師利白佛言 世尊 若以我神力 千劫 測度 不能得知

이때 석가모니 부처님께서 문수보살에게 말씀하셨다.
"지금 그대는 일체의 불보살과 하늘, 용, 귀신들을 보고 있다. 그대는 이 세계와 또 다른 저 세계, 이 국토와 또 다른 저 국토에서 도리천궁 법회에 참석한 자들의 규모를 알겠는가?"
문수보살이 부처님께 사뢰었다.
"세존이시여, 만약 제 신력으로는 설사 천겁을 헤아린다고 해도 능히 알지 못하겠나이다."

佛告文殊師利 吾以佛眼 觀 猶不盡數 此 皆是地藏菩薩 久遠劫來 已度 當度 未度 已成就 當成就 未成就 文殊師利 白佛言 世尊 我已過去 久修善根 證無礙智 聞佛所言 卽當

信受 小果聲聞 天龍八部 及未來世 諸衆生等 雖聞如來誠
實之語 必懷疑惑 說使頂受 未免興訪 唯願世尊 廣說地藏
菩薩摩訶薩 因地 作何行 立何願 而能成就不思議事

부처님께서 문수보살에게 말씀하셨다.

"내가 봐도 규모를 헤아리지 못하겠도다. 그런데 여기 모인 이들은 모두 지장보살이 무량 세월 이래로 제도를 해왔고, 지금도 제도하고 있으며, 미래에도 그렇게 할 자들이다. 또 이미 성취시켰고, 지금 성취시키고 있으며, 앞으로도 성취시켜야 할 자들이니라."

문수보살이 부처님께 말씀을 올렸다.

"세존이시여, 저는 이미 과거부터 오랫동안 선근을 닦아 걸림 없는 부처님의 지혜(無礙智)를 얻었기에, 부처님의 말씀을 받아들이옵니다.

그러나 아직은 수행이 더 필요한 성문이나 하늘, 용, 팔부신중, 중생들은 부처님의 참된 말씀을 믿지 않거나 의혹을 가질 것이며, 받아들였다고 해도 비방하기도 할 것입니다.

세존이시여, 이러한 정황을 생각하여 지장보살에 대해 좀 더 자세하게 말씀해 주시오소서.

그분은 과거 보살행을 닦을 때 어떠한 행을 하였고, 어떤 원을 세웠기에 불가사의한 일을 성취했나이까?"

佛告文殊師利 譬如三千大千世界 所有草木叢林 稻麻竹
葦 山石微塵 一物一數 作一恒河 一恒河沙一沙 一界 一界
之內 一塵 一劫 一劫之內 所積塵數 盡充爲劫 地藏菩薩 證
十地果位以來 千倍多於上喩 何況地藏菩薩 在聲聞辟支佛
地 文殊師利 此菩薩 威神誓願 不可思議 若未來世 有善男
子善女人 聞是菩薩名字 或讚嘆 或瞻禮 或稱名 或供養 乃
至彩畫刻鏤塑漆形像 是人 當得百返生於三十三天 永不墮
惡道

 부처님께서 문수보살에게 말씀하셨다.
"비유하자면 삼천대천세계에 산재해 있는 초목과 숲, 벼, 삼, 대나무, 갈대, 산, 돌, 티끌까지를 한 가지 물건으로 하고, 하나하나를 모두 각각의 갠지스강으로 생각하고, 그 각각의 갠지스 강가에 있는 낱낱의 모래로 하나의 세계를 만들며, 모든 세계에 있는 티끌들을 각각의 겁으로 삼는다고 하자. 또한 모든 겁 속에 쌓여 있는 티끌의 숫자를 채워 또 하나의 겁으로 삼더라도 지장보살이 중생들을 제도하겠다고 맹세한 세월은 비교할 수 없이 많으니라.
 이처럼 지장보살이 성문승, 벽지불승 수행을 할 때부터 중생을 제도해 온 세월은 이루 말할 수 없느니라.
 문수보살이여, 지장보살의 위신력과 서원은 매우 불가사의하기 때문에 누구라도 지장보살의 명호를 듣고 찬탄 공양하고, 형상으로 그리거나 조각한다면 영원토록 악도에 떨어지지 않고 천상에 태어날 것이다."

文殊師利 是地藏菩薩摩訶薩 於過去久遠 不可說不可說 劫前 身爲大長者子 時世有佛 號曰獅子奮迅具足萬行如來 時 長者子 見佛相好千福 莊嚴 因問彼佛 作何行願 而得此 相 時 獅子奮迅具足萬行如來 告長者子 欲證次身 當須久 遠 度脫一切受苦衆生文殊師利 時 長者子 因發誓言 我今 盡未來際不可計劫 爲是罪苦六道衆生 廣設方便 盡令解脫 而我自身 方成佛道 以是於彼佛前 立斯大願 于今百千萬億 那由陀不可說劫 尙爲菩薩

"문수보살이여, 지장보살은 말로 설명할 수 없는 너무나 오랜 옛날, 어떤 장자의 아들이었다. 당시 부처님은 사자분신구족만행여래셨는데, 그 때 장자의 아들은 부처님을 보고 여쭈었느니라. '세존이시여, 그동안 어떠한 수행을 하고, 어떠한 대원을 세우셨기에 이렇게 거룩한 상호를 얻으셨나이까?'

사자분신구족만행여래께서 답하셨느니라.

'그대도 나의 모습을 원한다면 오랜 세월 고통 받는 중생들을 모두 구제해야 하느니라.'"

다시 부처님께서 말씀하셨다.

"문수보살이여, 그 때 장자의 아들은 미래세가 다하도록 고통 받는 중생들을 한 사람도 남김없이 해탈하게 한 후에 자신도 불도를 이루겠다고 서원하였다. 이처럼 지장보살은 부처님 앞에서 대원을 세웠으니, 그때부터 현재까지 백천만억 겁의 헤아릴 수 없는 세월 동안 보살로 있느니라."

又於過去不可思議阿僧祇劫 時世有佛 號曰覺華定自在王如來 彼佛壽命 四百千萬億阿僧祇劫 像法之中 有一婆羅門女 宿福 深厚 衆所欽敬 行住坐臥 諸天 衛護 基母信邪 常輕三寶 是時聖女 廣設方便 勸喩基母 令生正見 而此女母 未全生信 不久命終 魂神 墮在無間地獄

"또한 말로 표현할 수 없는 오랜 옛날, 각화정자재왕여래라는 부처님이 계셨는데, 이 부처님의 수명은 사백천만억 아승기겁이었다. 당시 어떤 바라문(임금보다 높은 승려계급)에게 딸이 있었다. 그 딸은 숙세에 많은 공덕을 쌓아 어디를 가더라도 많은 사람들에게 공경을 받고, 모든 하늘과 선신들이 옹호하였다. 그러나 그녀의 어머니는 사도를 신봉하여 삼보를 업신여겼다. 딸은 항상 어머니에게 바른 생각과 행동을 권했지만, 어머니는 딸의 말을 무시하였는데, 얼마 지나지 않아 목숨이 다하였고, 무간지옥으로 떨어졌느니라."

時 波羅門女 知母在世 不信因果 計當隨業 必生惡趣 遂
賣家宅 廣求香華 及諸供具 於先佛塔寺 大興供養 見 覺華
定自在王如來 基形像 在一寺中 塑畵威容 莊嚴畢備 時 婆
羅門女 瞻禮尊容 倍生敬仰 私自念言 佛名大覺 具一切智
若在世時 我母死後 儻來問佛 必知處所 時 婆羅門女 垂泣
良久 瞻戀如來 忽聞空中聲曰 泣者聖女 勿至悲哀 我今示
汝母之去處

"그 딸은 어머니가 돌아가시자 어머니가 생전에 인연과 보를 믿지 않고 악업을 쌓아 왔기 때문에 반드시 무간지옥에 떨어졌을 것으로 짐작하였다.

그녀는 향과 꽃, 여러 공양물을 준비해서 과거 부처님들의 탑과 절을 찾아 정성스럽게 예불을 올렸고, 사찰에 장엄하게 모셔진 각화정자재왕여래상 앞에 예불을 드리면서 생각하였다.

'대각의 부처님은 모든 지혜를 갖추고 계시니 나의 어머니가 어디에 계시는지 아실 텐데….'

오랫동안 흐느껴 울자, 어느 순간 음성이 들렸다.

'울고 있는 성녀여, 슬픔을 그칠지어다. 너의 지극한 뜻을 알았으니 어머니가 어디에 있는지 알려주겠노라.'"

婆羅門女 合掌向空 而白天曰 是何神德 寬我憂慮 我自失

母已來 晝夜憶戀 無處可問知母生界 時 空中有聲 再報女曰我是汝所瞻禮者 過去覺華定自在王如來 見汝憶母 倍於常情衆生之分 故來告示 婆羅門女 聞此聲已 擧身自撲 支節皆損 左右扶侍 良久方蘇 而白空曰 願佛慈愍 速說我母生界 我今 身心 將死不久

바라문의 딸은 합장하고 여쭈었다.

"어떠한 신의 은덕이 있으시기에 저의 근심을 풀어 준다고 하시옵니까? 저는 어머니가 돌아가신 후 밤낮으로 근심을 하고 있지만, 어느 누구에게도 어머니가 가신 곳을 여쭈어 볼 사람이 없나이다."

그 때 공중에서 다시 음성이 퍼지면서 딸에게 말하였다.

"나는 네가 공양하는 각화정자재왕여래이다. 네가 어머니를 생각하고 사랑하는 마음이 보통의 중생과는 비교할 수 없기에 일러 주는 것이다."

이 소리를 듣고 바라문의 딸은 감격한 나머지 쓰러졌다. 너무 심한 몸부림으로 팔다리를 다치자 주변 사람들이 부축했고, 한참 시간이 지나 정신을 차리자 울부짖으면서 여쭈었다.

"인자하신 부처님이시여, 저의 어머니가 어디에 계신지 자비의 마음으로 알려 주시옵소서. 저는 몸과 마음을 가눌 길이 없어 죽을 것만 같습니다."

時 覺華定自在王如來 告 聖女曰 汝供養畢 但早返舍 端坐思惟 吾之名號 卽當知母所生去處

각화정자재왕여래께서는 성녀라고 부르면서 말씀하셨다.
"공양을 올린 후 바로 집으로 돌아가 단정하게 앉아 나의 명호를 생각하여라. 그렇게 하면 어머니가 어디에 다시 태어났는지 알게 되리라."

時 婆羅門女 尋禮佛已 卽歸其舍 以憶母故 端坐 念 覺華定自在王如來 經一日一夜 忽見自身 到一海邊 其水湧沸 多諸惡獸 盡復鐵身 飛走海上 東西馳逐 見諸男子女人百千萬數 出沒海中 被諸惡獸 爭取食噉 又見夜叉 其形 各異 或多手多眼 多足多頭 口牙外出 利刃如鉤 驅諸罪人 使近惡獸 復自搏攫 頭足相就 其形 萬類 不敢久視

바라문의 딸은 부처님께 인사를 올린 후 집으로 돌아가 단정하게 앉아 각화정자재왕여래의 명호를 생각하였다.
하루 낮과 하루 밤이 지난 어느 순간, 주위를 둘러보니 처음 보는 바닷가에 와 있었다.
바닷물은 펄펄 끓었고, 사나운 짐승들이 그 위를 이리저리 날아다니는데, 자세히 보니 몸은 쇠로 되어 있었다.
또 수많은 사람들이 바다에 빠졌다 솟았다 하는 가운데,

사나운 짐승들이 다투면서 그들을 뜯어 먹고 있었다.
 야차들도 있는데, 손과 눈과 다리와 머리가 많고, 어떤 야차는 송곳니가 밖으로 나왔는데, 날카로운 갈고리 같은 것이 사람들을 몰아서 사나운 짐승들에게 먹이로 주기도 하고, 움켜잡고 머리와 발을 부딪치는 등 그 모습은 차마 볼 수 없었다.

 時 婆羅門女 以念佛力故 自然無懼 有一鬼王 名曰無毒 稽首來迎 白 聖女曰善哉 菩薩 何緣 來此 時 婆羅門女 問鬼王曰此是何處 無毒 答曰此是大鐵圍山西面第一重海 聖女問曰我聞鐵圍之內 地獄在中 是事實不 無毒 答曰實有地獄

 그 때 바라문의 딸은 염불의 힘으로 무서운 마음을 달랬는데, 무독이라는 귀왕이 머리를 숙여 성녀에게 말하였다.
 "착하신 보살이시여, 장하십니다. 무슨 연고로 여기에 오셨습니까?"
 바라문의 딸은 귀왕에게 여기가 어떤 곳인지 물었고, 무독은 대철위산 서쪽의 첫 번째 바다라고 대답하였다.
 다시 성녀가 무독에게 물었다.
 "들은 바에 따르면 철위산 안에 지옥이 있다는데, 사실입니까?"
 무독은 "그렇습니다"라고 답하였다.

聖女 問曰我今云何 得到獄所 無毒 答曰若非威神 卽須業力 非此二事 終不能到 聖女 又問 此水 何緣 而乃湧沸 多諸罪人 及以惡獸 無毒 答曰此是南閻浮提造惡衆生 新死之者 經四十九日 無人繼嗣 爲作功德 救拔苦難 生時 又無善因 當據本業所感地獄 自然先度此海 海東十萬由旬 又有一海 基苦倍此 彼海之東 又有一海 基苦復倍 三業惡因之所招感 共號業海 基處是也

성녀는 자신이 어떻게 지옥에 오게 되었는지 물었다.

무독은 "부처님의 위신력이나 업력(業力)이 아니면 결코 올 수가 없습니다"라고 답하였다.

성녀가 또 물었다.

"저 물은 왜 펄펄 끓고 있으며, 많은 사람들의 죄는 무엇이며, 사나운 짐승들은 어찌하여 저렇게 많습니까?"

무독이 대답하였다.

"그것은 염부제에서 나쁜 짓을 한 중생들이 죽은 후 49일이 지나도 공덕을 베풀어 고난에서 구해 주는 후손이 없고, 살아 있을 때도 착한 인연을 쌓은 것이 없다면 지은 업장대로 지옥으로 가는데, 먼저 이 바다를 건너야 하는 것입니다. 이 바다 동쪽 10만 유순 밖에는 또 하나의 바다가 있는데, 그곳에서 받는 고통은 이곳의 배나 되고, 바다 동쪽에 또 다른 바다가 있으니 그곳의 고통은 또 다시 배가 늘어납니다. 이것은 중생들이 지은 삼업이 원인이라고 하여 업해라고 하는데, 그곳이 바로 여기입니다."

聖女 又問 鬼王無毒曰地獄 何在 無毒 答曰三海之內 是大地獄 基數百千 各各差別 所謂大者 具有十八 次有五百苦毒 無量 此有千百 亦無量苦 聖女 又問大鬼王曰我母死來未久 不知 魂神 當至何趣 鬼王 問 聖女曰菩薩之母 在生習何行業 聖女 答曰我母邪見 譏毀三寶 說或暫信 旋又不敬 死雖日淺 未知何處 無毒 問曰菩薩之母 姓氏何等 聖女 答曰我不我母 俱婆羅門種 父號 尸羅善見 母號 悅帝利

성녀가 또 물었다.
"어디에 지옥이 있습니까?"
무독이 답하였다.
"그 세 바다 안이 큰 지옥입니다. 지옥의 수는 백천이며 각각 차이가 있는데, 큰 것은 열여덟 개, 다음 것은 오백 개, 또 다음 지옥은 천백 개가 있는데, 고독과 고통이 한량이 없나이다."
성녀가 물었다.
"제 어머니는 돌아가신 지 얼마 되지 않는데, 혼신이 어디에 있는지 너무나 궁금합니다."
귀왕이 성녀에게 물었다.

"어머니는 생전에 어떤 일을 하였습니까?"

성녀가 대답하였다.

"저의 어머니는 소견이 바르지 못해 삼보를 비방하고 헐뜯었으며, 삼보를 잠시 믿다가도 다시 경건함을 버렸습니다. 돌아가신 지 얼마 되지 않는데, 어디에 계신지 너무 궁금합니다."

무독이 어머니 성씨를 묻자, 성녀가 대답하였다.

"바라문의 종족인 저의 부모님은 아버지는 시라선견, 어머니는 열제리입니다."

無毒 合掌 啓菩薩曰 願聖者 却返 無至憂憶悲戀 悅帝利罪女 生天以來 經今三日 云承孝順之子 爲母 說供修福 布施 覺華定自在王如來 塔寺 非惟菩薩之母得脫地獄 應是無間 此日罪人 悉得受樂 俱同生訖

무독귀왕이 합장 후 보살에게 말하였다.

"원하옵건대 성녀께서는 돌아가십시오. 조금도 근심할 것도, 슬퍼할 일도 없습니다. 한때 악도에서 고통 받던 열제리는 하늘에서 몸을 받아 태어난 지 오늘이 3일째입니다. 어머니는 성녀께서 지극한 마음으로 공양을 올리고, 각화정자재왕여래 탑사에 보시한 공덕으로 하늘에서 태어났습니다. 그러한 공덕은 성녀의 어머니와 함께 있던 무간지옥 모든 죄인들에게도 천상에 태어나게 하는 복락을 주셨습니다."

鬼王 言畢 合掌而退 婆羅門女 尋如夢歸 悟此事已 便於覺華定自在王如來塔像之前 立弘誓願 願我盡未來劫 應有罪苦衆生 廣說方便 使令解脫 佛告文殊師利 時鬼王無毒者 當今財首菩薩 是 婆羅門女者 卽地藏菩薩 是

무독귀왕은 합장 후 물러갔다. 바라문의 딸(성녀)은 다시 꿈같이 돌아와 각화정자재왕여래상 앞에서 가슴 깊이 불퇴전의 서원을 세웠다.
"저는 미래세상이 끝나도록 죄 있는 중생들에게 방편을 설하여 구제하고 해탈하는 일에 전념할 것입니다."
부처님께서 문수보살에게 말씀하셨다.
"그때 무독귀왕은 재수보살이고, 바라문의 딸이 바로 지장보살이니라."

제2품 분신집회품(分身集會品)

爾時 百千·萬億不可思 不可議 不可量 不可說 無量阿僧祇世界 所有地獄處 分身地藏菩薩 俱來集在 忉利天宮 以如來神力故 各以方面 與諸得解脫 從業道出者 亦各有千萬億那由他數 共持香華 來供養佛 彼同來等輩 皆因地藏菩薩 敎化 永不退轉於阿耨多羅三藐三菩提 是諸衆等 久遠劫來 流浪生死 六道受苦 暫無休息 以 地藏菩薩 廣大慈悲心誓願故 各獲果證 旣至忉利 心懷踊躍 瞻仰如來 目不暫捨

그 때 헤아릴 수 없는 규모의 지장보살 분신들이 모두 도리천궁에 모였다. 이와 함께 여래의 신력으로 가피를 입고 악도에서 벗어나 해탈한 이들이 부처님께 향과 꽃으로 공양을 올렸다. 이들은 하나같이 지장보살의 교화로 최고의 깨달음을 얻은 자들이었다. 그들은 짐작할 수도 없는 오랜 세월 동안 생사고(生死苦)에서 윤회하며 육도(六道)에서 끝없이 고통을 받던 중, 지장보살의 대자비와 서원으로 깨우치고 도리천으로 인도되었기에, 너무나 기뻐 한눈을 팔지 않고 모두가 부처님을 우러러보았다.

爾時 世尊 舒金色臂 摩 百千萬億不可思 不可議 不可量
不可說 無量阿僧祇世界 諸化身 地藏菩薩摩訶說頂 而作
是言 吾於五濁惡世 敎化如是剛强衆生 令心調伏 捨邪歸
正 十有一二 尙在惡習 吾亦分身千百億 廣說方便 或有利
根 聞卽信受 或有善果 勤勸成就 或有暗鈍 久化方歸 或有
業重 不生敬仰

그 때 세존께서 황금빛이 나는 팔을 활짝 펴서 헤아릴 수
없는 지장보살 화신들의 이마를 어루만지며 말씀하셨다.
"나는 그동안 오탁악세에서 억세고 거친 중생들의 옳지
못한 마음을 바로잡고, 옳은 길로 인도하였도다. 그러나 열
에 하나나 둘은 아직도 악습을 버리지 않고 있어 헤아릴 수
없이 많은 분신을 통해 방편을 베풀어 주고자 하느니라. 근
기가 있는 중생이라면 바로 듣고 믿으며, 선근을 쌓은 자
라면 부지런히 닦으면 성취될 것이다. 또한, 지혜에 어둡고
둔한 자라면 오랜 세월을 교화해야 돌아올 것이겠지만, 쌓
은 악업이 너무나 무거운 자라면 나의 교화에 관심을 기울
이지 않을 것이니라."

如是等輩衆生 各各差別 分身度脫 或現男子身 或現女人
身 或現天龍身 或現鬼神身 或現山林川源 河池泉井 利及
於人 悉皆度脫 或現帝釋身 或現梵王身 或現轉輪王身 或

現居士身 或現國王身 或現宰輔身 或現官屬身 或現比丘
比丘尼 優婆塞 優婆夷身 乃至聲聞羅漢 辟支佛菩薩等身
而以化度 非但佛身 獨現其身

"이처럼 중생의 무리는 모두가 다르기 때문에 분신으로 제도하여 해탈시키되, 어떤 경우에는 남자, 어떨 때는 여자, 어떨 때는 하늘과 용의 몸을 나타내느니라. 또한, 어떤 경우에는 귀신, 어떨 때는 산, 숲, 강, 못, 샘, 우물 등으로 화신하여 중생들을 제도하고 해탈케 하느니라. 뿐만 아니라 어떤 경우에는 제석천, 범왕, 전륜성왕, 거사, 국왕, 재상, 관속의 몸, 비구, 비구니, 우바새, 우바이, 성문, 아라한, 벽지불, 보살의 몸으로 화신하여 제도하느니라. 오직 부처로 나타나서 제도하지는 않느니라."

汝觀吾累劫 勤苦度脫如是等 難化剛强 罪苦衆生 其有未
調伏者 隨業報應 若墮惡趣 受大苦時 汝當憶念吾在忉利天
宮 殷勤付囑 令娑婆世界 至 彌勒出世以來衆生 悉使解脫
永離諸苦 遇佛授記

"나는 오랜 세월을 고행하면서 교화하기 어려운 많은 중생들을 제도하고 해탈시켰노라. 그러나 아직 나의 제도를 받지 못한 자들도 있는데, 그들은 쌓은 악업에 따라 과보를 받을 수밖에 없느니라. 따라서 악도에 떨어져 고통을 받는 중생에게는 도리천궁에서 설했던 나의 말을 염두에 두고 미륵부처님이 출현하실 때까지 중생들을 구제, 해탈케 하여 부처님의 수기를 받도록 하라."

　爾時 諸世界化身地藏菩薩 共復一形 涕淚哀戀 而白佛言 我從久遠劫來 蒙佛接引 使獲不可思議神力 具大智慧 我所分身 遍滿百千萬億恒河沙世界 每一世界 化百千萬億身 每一化身 度百千萬億人 令歸敬三寶 永離生死 至涅槃樂 但於佛法中 所爲善事 一毛一滴 一沙一塵 或毫髮許 我漸度脫 使獲大利 唯願世尊 不以後世惡業衆生 爲慮 如是三白佛言 唯願世尊 不以後世惡業衆生 爲慮

　그 때 삼라만상에 화현하셨던 수많은 지장보살들이 다시 한 몸이 되어 애절하게 부처님께 사뢰었다.
"저는 부처님의 가피력으로 오랜 세월 불가사의한 신력과 지혜를 갖추었나이다. 저의 화현들이 갠지스강 모래알처럼 많은 세계의 중생들을 제도하여 삼보께 귀의케 하며, 영원히 생사를 여의고 열반의 기쁨에 이르도록 할 것입니다. 이런 과정에서 아무리 작은 먼지만한 착한 일을 한 중생이라도 제도, 해탈케 하오리다. 세존이시여, 후세의 중생 구제는 염려하지 마옵소서."

爾時 佛 讚地藏菩薩言 善哉善哉 吾助汝喜 汝能成就久遠劫來 發弘誓願 廣度將畢 卽證菩提

서원을 들은 부처님께서 지장보살을 크게 칭찬하셨다.
"착하고 장하다. 나도 그대의 서원이 원만하게 이뤄질 수 있도록 도울 것이니라. 그대는 오랜 세월 동안 세운 서원을 성취하고, 중생들을 모두 제도한 후에는 깨달음을 이룰 것이니라."

제3품 관중생업연품(觀衆生業緣品)

爾時 佛母摩耶夫人 恭敬合掌 問地藏菩薩言 聖者 閻浮衆生 造業差別 所受報應 基事云何 地藏 答言 千萬世界 乃及國土 或有地獄 或無地獄 或有女人 或無女人 或有佛法 乃至聲聞辟支佛 亦復如是 非但地獄罪報一等 摩耶夫人 重白菩薩 且願聞於閻浮罪報 所感惡趣 地藏 答言 聖母 唯願聽受 我粗說之 佛母白言 願聖者 說

그 때 부처님의 어머니이신 마야부인이 합장한 후 지장보살께 여쭈었다.

"성자시여, 남섬부주 중생들에게는 어떤 업의 차이와 응보가 있나이까?"

지장보살이 답하였다.

"어디라도 지옥은 있을 수도 있고 없을 수도 있으며, 불법(佛法)이라는 것도 있는 곳도 있고 없는 곳도 있사옵니다. 성문이나 벽지불도 마찬가지이므로 지옥의 과보 역시 한 가지만 있는 것이 아니옵니다."

마야부인이 다시 여쭈었다.

"저는 지금 염부제에서 지은 죄업으로 악도로 떨어지는 과보가 어떤지 듣고 싶나이다."

지장보살이 답하였다.

"말씀해 드리겠사오니 성모께서는 잘 들으소서."

爾時 地藏菩薩 白聖母言 南閻浮提 罪報名號 如是 若有衆生 不孝父母 或至殺生 當墮無間地獄 千萬億劫 救出無期 若有衆生 出佛身血 毀謗三寶 不敬尊經 亦當墮於無間地獄 千萬億劫 求出無期 若有衆生 侵損常住 點汚僧尼 或伽藍內 恣行婬慾 或殺或害 如是等輩 當墮無間地獄 千萬億劫 求出無期 若有衆生 僞作沙門 心非沙門 破用常住 欺狂白衣 違背戒律 種種造惡 如是等輩 堂墮無間地獄 千萬億劫 求出無期 若有衆生 偸竊常住 財物穀米 飮食衣服 乃至一物 不與取者 堂墮無間地獄 千萬億劫 求出無期 地藏白言 聖母 若有衆生 作如是罪 堂墮五無間地獄 求暫停苦一念不得

지장보살이 성모의 물음에 답하였다.

"남염부제의 죄보는 이러합니다. 누구라도 불효를 했거나 살생을 저질렀다면 무간지옥으로 떨어져 많은 세월이 흘러도 구제될 기약이 없나이다. 또한 부처의 몸에 피를 내고 경전을 존중하지 않고 비방을 해도 무간지옥으로 떨어져 구제되기 어렵습니다. 절 재산에 손실을 주거나 수행자를 더럽히고, 절에서 음욕하거나, 살생하고 해치는 행동을 했다면, 이들도 무간지옥에서 벗어나지 못하게 되나이다. 마음은 수행자가 아니면서 사문인 척 절의 재산을 낭비하고, 신자를 속이는 것 역시 무간지옥에 떨어져 구제될 기약이 없나이다. 절의 재산을 훔치거나 절의 재물, 곡식, 음식, 의복을 단 하나라도 마음대로 취해도 무간지옥에 떨어지나이다. 성모시여, 중생들이 이 같은 죄를 지으면 오무간지옥으로 떨어지는데, 그곳에서는 잠시라도 고통이 멈춰지지 않사옵니다."

摩耶夫人 重白地藏菩薩言 云何名爲 無間地獄 地藏 白言 聖母 諸有地獄 在 大鐵圍山之內 其大地獄 有一十八所 次有五百 名號各別 次有千百 名字各別 無間獄者 其獄城 周匝八萬餘里 其城 純鐵 高 一萬里 城上火聚少無空闕 其獄城中 諸獄 相連 名號各別 獨有一獄 名曰無間 其獄 周匝 萬八千里 獄墻高 一千里 悉是鐵圍 上火徹下 下火徹上 鐵蛇鐵拘 吐火馳逐 獄墻之上 東西而走 獄中 有床 遍滿萬里 一人 受罪 自見其身 徧臥滿床 千萬人 受罪 亦 各自見身 滿床上 衆業所感 獲報如是 又諸罪人 備受衆苦 千百夜叉 及以惡鬼 口牙如劍 眼如電光 手復銅爪 抽腸剉斬 復有夜

又 執大鐵戟 中罪人身 或中口鼻 或中腹背 拋空翻接 或置床上 復有鐵鷹 啗罪人目 復有鐵蛇 繳 罪人首 百肢節內 悉下長釘 拔舌耕犁 拖拽罪人 洋東灌口 熱鐵纏身 萬死萬生 業感如是 動經億劫 求出無期 此界壞時 寄生他界 他界次壞 轉寄他方 他方壞時 展轉相寄 此界成後 還復而來 無間罪報 基事 如是

마야부인이 거듭 여쭈었다.

"무엇을 무간지옥이라고 합니까?"

"성모시여, 지옥은 모두 철위산 안에 있는데, 큰 지옥은 열여덟 곳이 있나이다. 그 다음 지옥은 오백 곳인데 각각 이름이 다르며, 또 그 다음에 천백 곳의 지옥이 있고, 이 역시 각각 이름이 다르옵니다. 무간지옥의 둘레는 8만 리가 넘고, 성은 쇠로 만들어졌는데 높이가 1만 리이고, 위에는 불무더기가 있어 빈틈없이 타오르고 있사옵니다. 그 안에는 여러 지옥들이 이어져 있는데, 그 이름 역시 다르옵니다. 거기서도 따로 있는 독특한 지옥이 바로 무간이라고 하옵는데, 둘레는 1만 8천 리, 담장의 높이는 1천 리이며 위쪽의 불은 아래로 타서 내려오고, 아래쪽 불은 치솟으면서 쇳덩어리로 된 뱀과 사나운 개가 불을 뿜으면서 담장 위를 쫓아다니고 있사옵니다. 지옥 안에는 크기가 1만 리가 되는 평상이 하나 있는데, 한 사람이 죄를 받아도 몸이 평상을 가득 채워서 누워 있는 것을 보게 됩니다. 그런데 그 평상은 천만 명이 죄를 받아도 모두가 그 평상에 가득 차 있음을 보게 되는데, 이것은 죄업의 과보 때문입니다.

　죄인들은 온갖 고초를 받는데, 어금니는 칼날 같고, 눈빛은 번개처럼 보이는 수많은 야차와 악귀들이 구리쇠로 된 손톱으로 창자를 끌어내 끊습니다. 또 어떤 야차는 쇠창으로 죄인의 입과 코, 배, 등을 찔러 공중으로 던졌다가 다시 받아 평상에 펼쳐 놓아 고통을 주고 있사옵니다. 쇠로 된 매는 죄인의 눈을 쪼아 파먹고, 쇠로 된 뱀은 목을 감아 조이며, 긴 못을 몸 마디마디에 박고 혀를 뽑아 갈며, 입 속에 구리 쇳물을 붓고 뜨거운 철사로 몸을 감는 등 만 번을 죽였다가 다시 살려 죄업의 과보를 받게 하옵니다. 과업이 이와 같아 무량의 세월이 지나도 구출될 기약이 없사옵니다. 그 지옥세계의 과보를 다 받으면 다른 곳에 태어나 과보를 받고, 옮겨서 태어난 세계에서도 무한 고통을 받는 것이 무간지옥의 죄보이옵니다."

　又 五事業感 故稱無間 何等 爲五 一者 日夜受罪 以至劫數 無時間絶 故稱無間 二者 一人 亦滿 多人 亦滿 故稱無間 三者 罪器鐵棒 鷹蛇狼犬 碓磨鋸鑿 剉斫鑊湯 鐵網鐵繩 鐵驢鐵馬 生革 絡首 熱鐵 澆身 飢呑鐵丸 渴飮鐵汁 終年竟劫 數那由他 苦楚相連 更無間斷 故稱無間 四者 不問男子

女人 羌胡夷狄 老幼貴賤 或天或鬼 罪行業感 悉同受之 故
稱無間 五者 若墮此獄 從初入時 至百千劫 一日一夜 萬死
萬生 求一念間 暫住不得 除非業盡 方得受生 以此連綿 故
稱無間 地藏菩薩 白聖母言 無間地獄 粗說如是 若廣說地
獄罪器等名 及諸苦事 一劫之中 求說不盡 摩耶夫人 聞已
愁憂合掌 頂禮而退

"죄업의 종류는 다섯 가지인데, 그래서 오무간이라고
하옵니다.

첫째는 밤낮을 가리지 않고 죗값을 받게 하는데, 고초가
끊이지 않아 무간이라고 부릅니다.

둘째는 한 죄인이 들어가도 가득 차고, 많은 죄인이 들어
가도 가득 차기 때문에 무간이라고 합니다.

셋째는 형벌을 하는 도구로 쇠방망이, 매, 뱀, 이리, 개,
맷돌, 톱, 도끼, 끓는 물과 쇠그물, 쇠사슬, 쇠나귀와 쇠말들
이 있습니다. 생가죽으로 목을 조르고 몸에 쇳물을 부으며,
배가 고픈 죄인은 쇠뭉치로 시장기를 채우게 하고, 목이 마
르면 끓는 쇳물을 마시게 하는데, 무량 세월이 흘러도 고초
가 끊이지 않아 무간이라고 부르나이다.

넷째는 누구라도 지은 죄의 과보는 모두 받기에 무간이라
고 하옵니다.

다섯째는 만약 지옥으로 떨어지면 처음부터 백천만 겁의

세월 동안 매일 만 번 죽었다가 만 번 다시 살아나 일초라도 쉴 수 없고, 업이 소진되어야 비로소 생을 받게 되옵니다. 이처럼 고통이 끊임없어 무간이라고 부르나이다.

성모시여, 무간지옥에 대해 설명하면 이와 같습니다. 만약 지옥에서 형벌로 사용되는 도구가 무엇이며, 고통을 자세히 설명한다면 한 겁의 세월을 말씀 드려도 다하지 못하옵니다."

무간지옥에 대해 설명을 들은 마야부인은 수심이 가득 찬 얼굴로 합장 예배한 후 물러갔다.

제4품 염부중생업감품(閻浮衆生業感品)

爾時 地藏菩薩摩訶薩 白佛言 世尊 我承佛如來威神力故 遍 百千萬億世界 分是身形 救拔一切業報衆生 若非如來大慈力故 卽不能作如是變化 我今 又 蒙佛付囑 至阿逸多成佛已來 六道衆生 遣令解脫 唯願世尊 願不有廬

그 때 지장보살이 부처님께 사뢰었다.
"세존이시여, 저는 부처님의 위신력 가피를 입었기에 백천만억의 세계에 여러 몸의 화신으로 고통 받는 중생들을 구제하고 있나이다. 부처님의 대자대비의 원력이 없었다면 화신을 나타내지 못할 것이옵니다. 더구나 부처님께서 부촉하셨기에 아일다께서 성불하여 오실 때까지 육도중생을 구제하겠사오니 염려하지 마옵소서."

爾時 佛告地藏菩薩 一切衆生 未解脫者 性識 無定 惡習 結業 善習 結果 爲善爲惡 逐境而生 輪轉五道 暫無休息 動經塵劫 迷惑障難 如魚遊網 將是長流 脫入暫出 又復遭網

以是等輩 吾當憂念 汝旣畢是往願 累劫重誓 廣度罪輩 吾復何慮 說是語時 會中 有一菩薩摩訶薩 名 定自在王 白佛言 世尊 地藏菩薩 累劫以來 各發何願 今蒙世尊 慇懃讚歎 唯願世尊 略而說之

부처님께서 지장보살에게 말씀하셨다.
"중생들이 해탈을 얻지 못하는 것은 좋지 못한 습관으로는 업을 맺고, 착한 습관으로는 과를 맺었기 때문이니라. 결국 착함과 악함의 경계에서 끊임없이 오도(五道)를 윤회하는 것이니라. 그 속에서 무명으로 받는 고난은 그물 안에 있는 물고기가 마치 흐르는 물속에 살고 있는 것으로 착각하는 것처럼, 잠시는 벗어나더라도 그물에 걸리고, 또 그물에 걸리는 이치와 다름이 없느니라. 나는 이러한 일들이 걱정되었으나, 그대가 오랜 과거에 세웠던 서원으로 죄 많은 중생들을 제도하겠다고 하니 내가 더 이상 무엇을 걱정하겠느냐."

그 때 정자재왕보살이 부처님께 사뢰었다.
"세존이시여, 지장보살이 오랜 세월 동안 어떤 서원을 하였기에 이 같은 세존의 칭송을 받는지 말씀해 주옵소서."

爾時 世尊 告 定自在王菩薩 諦聽諦聽 善思念之 吾當爲汝 分別解說 乃往過去 無量阿僧祇 那由他 不可說劫 爾時

有佛 號 一切智成就如來 應供 正遍智 明行足 善逝 世間解 無上士 調御丈夫 天人師 佛世尊 基佛壽命 六萬劫 未出家 時 爲小國王 與一隣國王 爲友 同行十善 饒益衆生 基隣國 內 所有人民 多造衆惡 二王 議計 廣說方便 一王 發願 早 成佛道 廣度是輩 令使無餘 一王 發願 若不先度罪苦 令是 安樂 得至菩提 我終未願成佛 佛告 定自在王菩薩 一王 發 願 早成佛者 卽 一切智成就如來 是 一王 發願 永度罪苦衆 生 未願成佛者 卽 地藏菩薩 是

세존께서 정자재왕보살에게 말씀하셨다.

"잘 듣고 생각하고 명심하여라. 오랜 옛날 부처님이 계셨으니 일체지성취여래, 응공, 정변지, 명행족, 선서, 세간해, 무상사, 조어장부, 천인사, 불세존이셨고, 수명은 6만 겁이었느니라.

부처님께서 출가 이전에는 작은 나라의 왕으로 이웃나라 착한 왕과 친구가 되어 선정으로 중생들을 다스렸느니라.

그런데 이웃나라 백성들이 여러 악행을 일삼자, 두 왕은 의논하여 방편 서원을 세웠느니라.

한 왕은 하루빨리 불도를 이루어 모든 백성들을 제도할 것을 맹세하였고, 또 다른 왕은 죄업에 빠진 중생들을 편안하게 제도하고, 그것을 성취하지 못한다면 자신은 결코 성불하지 않겠다고 발원하였느니라.

하루빨리 성불하기를 서원했던 왕이 바로 일체지성취여래이고, 죄업 중생을 제도하지 못하면 성불하지 않겠다고 서원한 왕이 지장보살이니라."

復於過去無量阿僧祇劫 有佛出世 名 淸淨蓮華木如來 基佛壽命 四十劫 像法之中 有一羅漢 福度衆生 因次敎化 遇一女人 字曰光目 設食供養 羅漢 問之 欲願何等 光目 答言 我以母亡之日 資福救拔 未知我母 生處何趣 羅漢 愍之 爲入定觀 見光目女母 墮在惡趣 受極大苦 羅漢 問光目言 汝母在生 作何行業 今在惡趣 受極大苦 光目 答曰我母所習 唯好食啖魚鱉之屬 所食魚鱉 多食基子 或炒或煮 恣情食啖 計基命數 千萬復倍 尊者 慈愍 如何哀救

"무량 아승기겁 전에 부처님이 계셨으니 그가 바로 청정연화목여래이고, 수명은 40겁이었느니라. 상법시(像法時)에 한 나한이 있어 복덕으로 중생을 제도하던 중 여인을 만났는데, 그가 바로 광목이었느니라.

광목은 나한에게 음식 공양을 올렸고, 나한은 그녀의 소원이 무엇인지 물었느니라. 광목은 어머니 기일에 복을 지어 천도를 해드리고 싶지만, 어디에 계신지 모른다고 하자, 가엾이 여긴 나한이 살펴보니 광목의 어머니는 악도에 떨어져 엄청난 고통을 받고 있었느니라.

나한은 광목에게 어머니가 악도에서 모진 고통을 받고 있는데, 생전에 어떤 업을 지었는지 물었느니라.

광목이 대답하길, 어머니는 생선이나 자라를 즐겨 먹었는데, 특히 새끼를 굽거나 지져 많이 먹었고, 규모를 헤아린다면 천이나 만보다 더 많을 것이라고 답한 후 어머니를 구제해 달라고 간청하였느니라."

羅漢 愍之 爲作方便 勸光目言 汝可志誠 念淸淨蓮華目如來 兼 塑畫形像 存亡 獲報 光目 聞已 卽捨所愛 尋畫佛像 而供養之 復恭敬心 悲泣瞻禮 忽於夜後 夢見佛身 金色晃耀 如須彌山 放 大光明 而告光目 汝母不久 當生汝家 纔覺飢寒 卽當言說 基後家內 婢生一子 未滿三日 而內言說 稽首悲泣 告於光目 生死業緣 果報自受 吾是汝母 久處暗冥 自別汝去 累墮大地獄 今夢福力 當得受生 爲下賤人 又復短命 壽年十三 更落惡道 汝有何計 令吾脫免 光目 聞說 知母無疑 哽咽悲啼 而白婢子 旣是我母 合知本罪 作何行業 墮於惡道 婢子 答言 以殺生毁罵二業受報 若非夢福 救拔吾難 以是業故 未合解脫

"광목을 불쌍히 여긴 나한은 정성을 다해 청정연화목여래를 염(생각)하고, 여래상을 조성하거나 그려서 모신다면 이 생이나 사후에 모두 좋은 과보를 얻을 것이라는 방편을 설하였느니라.

  그 후 광목은 아껴왔던 재산으로 공양과 예불을 올렸는데, 새벽녘 꿈속에서 부처님 모습이 나타났고, 마치 금빛 찬란한 수미산 같았느니라.

  부처님께서는 광목에게 큰 광명을 발하시면서 어머니는 곧 너의 집에 태어날 것이고, 허기지고 추위를 느낄 때 말을 할 것이라고 하였느니라.

  그 후 광목의 집에 있던 여종이 출산을 했고, 아기는 3일이 지나지 않아 머리를 조아리고 광목에게 말하였느니라.

  '생사의 업과 과보는 스스로 받는 것, 나는 너의 어미인데, 오랜 세월을 어둠 속에 지냈노라. 너와 이별한 뒤 큰 무간지옥으로 떨어졌는데, 이제 너의 복된 힘으로 다시 몸을 받았으나 천한 사람으로 태어났으며, 열세 살이 되면 다시 죽어 악도로 떨어질 것이니, 업보를 씻어줄 방편이 너에게 있겠느냐?'

  이에 광목은 어머니가 여종의 자식으로 태어났음을 알고 슬피 울면서 그대가 나의 어머니라면 전생에 지은 죄를 알고 있을 것인즉, 어떤 죄업을 지었기에 악도에 떨어졌느냐고 물었느니라.

  이에 여종의 자식은 살생하고 불법을 비방하였는데, 만약 네가 복을 지어 나를 구해 주지 않았다면, 아직도 지옥의 고통에서 벗어나지 못했을 것이라고 답하였느니라."

光目 問言 地獄罪報 基事云何 婢子 答言 罪苦之事 不忍稱說 百千歲中 卒白難竟 光目 聞已 啼淚號泣 而白空界 願我之母 永脫地獄 畢十三歲 更無重罪 及歷惡道 十方諸佛 慈哀愍我 廳我爲母 所發廣大誓願

"광목이 지옥 죄보가 어떤지 물으니, 여종의 자식은 아무리 오랜 세월 동안 설명해도 고통을 설명할 수 없다고 답하였느니라.
　　광목은 통곡하면서 열세 살이 되더라도 죄보를 받는 일이 없고, 악도에 떨어지지 않도록 해달라고 시방세계 부처님께 발원하였느니라."

　　若得我母 永離三途 及斯下賤 乃至女人之身 永劫不受者 願我自今日後 對淸淨蓮華目如來像前 却後百千萬億劫中 應有世界 所有地獄 及三惡道諸罪苦衆生 誓願救拔 令離地獄惡趣 畜生餓鬼等 如是罪報等人 盡成佛竟然後 我方成正覺 發誓願已 具聞 淸淨蓮華目如來之說 而告之曰光目 汝大慈愍 善能爲母 發如是大願 吾觀 汝母 十三歲畢 捨此報已 生爲梵志 壽年百歲 過是報後 當生無憂國土 壽命 不可計劫 後成佛果 廣度人天 數如恒河沙

"어머니가 삼악도에 떨어지지 않고, 영원히 천한 여자의 몸을 받지 않는다면, 저는 청정연화목여래상 앞에서 다음과 같이 맹세를 하겠나이다. 이제부터 무량 세월 동안 모든 세계와 지옥, 삼악도의 죄업을 받는 중생들을 구제하여 성불케 한 후 정각을 이루겠나이다."

광목이 서원을 하자, 청정연화목여래의 말씀이 들렸다.

"광목이여, 대자비의 마음으로 어머니를 위해 대원을 세웠구나. 내가 자세히 보니 너의 어머니는 열세 살이 되어도 악도에 떨어지지 않고 깨끗한 몸으로 태어나 백수를 누릴 것이니라. 그런 연후 근심걱정이 없는 곳에 태어나 오랜 세월을 살다가 불과를 성취하여 무량의 사람들을 제도하게 되리라."

佛告定自在王 爾時 羅漢 福度光目者 卽 無盡意菩薩 是 光目母者 卽 解脫月菩薩 是 光目女者 卽 地藏菩薩 是 過去久遠劫中 如是慈愍 發恒河沙願 廣度衆生 未來世中 若有男子女人 不行善者 行惡者 乃至不信因果者 邪婬妄語者 兩舌惡口者 毁謗大乘者 如是諸業衆生 必墮惡趣 若遇善知識 勸令一彈指間 歸依地藏菩薩 是諸衆生 卽得解脫三惡道報 若能至心歸敬 及瞻禮讚嘆 香花衣服 種種珍寶 或復飮食 如是奉事者 未來百千萬億劫中 常在諸天 受 勝妙樂 若天福盡 下生人間 猶百千劫 常爲帝王 能憶宿命因果本末

부처님께서 다시 정지재왕보살에게 말씀하셨다.

"그 때 나한으로 광목을 제도한 자는 무진의보살이고, 광목의 어머니는 해탈월보살이며, 광목은 바로 지장보살이니라.

이렇듯 지장보살은 오랜 세월 동안 자비의 서원으로 중생을 제도했느니라. 누구나 선행을 하지 않고 악행을 하거나, 인과를 믿지 않는 자, 사음과 망언을 하는 자, 이간질이나 악한 말을 하는 자, 승가를 비방하는 자들은 필히 악도에 떨어질 것이다.

그러나 선지식을 만나 순간이라도 그가 권하는 대로 지장보살에게 귀의하면 삼악도의 죄보를 벗어나 해탈을 얻으리라.

지극한 마음으로 찬탄하고 향, 꽃, 의복 등으로 공양을 올린다면 항상 하늘에서 즐거움을 누리리라.

복이 다하여 인간으로 태어나더라도 긴 세월 제왕으로 태어나 인과의 이치를 터득할 것이다."

定自在王 如是地藏菩薩 有如此不可思議大威神力 廣利衆生 汝等諸菩薩 當記是經 廣宣流布 定自在王 白佛言 世尊 願不有廬 我等千萬億菩薩摩訶薩 必能承佛威神 廣演是經 於 閻浮提 利益衆生 定自在王菩薩 白世尊已 合掌恭敬 作禮而退

"정자재왕이여, 이같이 지장보살은 불가사의한 위신력이 있어 중생들을 한없이 이롭게 하니 모든 보살은 이 경전을 널리 알리도록 하여라."

정자재왕보살이 부처님께 사뢰었다.

"세존이시여, 염려하시지 마옵소서. 저희 무량 보살들은 부처님의 위신력을 받들어 이 경전을 널리 전파하여 염부제에서 중생들을 이롭게 하겠나이다."

정자재왕보살은 합장 후 부처님께 예배하고 물러갔다.

爾時 四方天王 俱從座起 合掌恭敬 白佛言 世尊 地藏菩薩 於 久遠劫來 發如是大願 云何至今 猶度未絶 更發廣大誓願 唯願 世尊 爲我等說 佛告四天王 善哉善哉 吾今 爲汝及未來現在天人衆等 廣利益故 說地藏菩薩 於娑婆世界閻浮提內 生死道中 慈哀救拔 度脫一切罪苦衆生 方便之事 四天王 言 唯然世尊 願樂欲聞

사천왕이 합장한 후 부처님께 사뢰었다.

"세존이시여, 지장보살은 무량 세월 대원을 서원했는데, 무슨 까닭으로 아직도 중생제도가 끝나지 않고, 다시 광대한 서원을 세워야 하나이까?"

부처님께서 사천왕에게 말씀하셨다.

"착하고 착하도다. 그대들과 현재, 미래, 하늘과 인간들을 위해 지장보살이 염부제에서 일체중생을 제도하고 해탈하게 하는 방편에 대해 말하리라."

사천왕이 부처님께 사뢰었다.

"듣기를 원하오니 말씀하여 주옵소서."

佛告四天王 地藏菩薩 久遠劫來 迄至于今 度脫衆生 猶未畢願 慈愍此世罪苦衆生 多觀未來 無量劫中 因蔓不斷 以是之故 又發重願 如是菩薩 於娑婆世界閻浮提中 百千萬億方便 而爲敎化

부처님께서 사천왕에게 말씀하셨다.

"지장보살은 오랜 세월 동안 중생들을 제도해 왔지만 아직도 서원을 다하지 못하였느니라. 이는 사바세계의 죄 많은 중생들의 업의 인연이 계속되기 때문에 자비의 마음으로 중생들을 제도하기 위해 끊임없이 서원을 세우기 때문이니라. 이처럼 지장보살은 사바세계 염부제에서 백천만억의 방편으로 쉬지 않고 교화를 하고 있느니라."

四天王 地藏菩薩 若遇殺生者 說宿殃短命報 若遇竊盜者 說貧窮苦楚報 若遇邪淫者 說雀鴿鴛鴦報 若遇惡口者 說眷屬鬪諍報 若遇毀謗者 說無舌瘡口報 若遇瞋恚者 說醜陋癃殘報 若遇慳悋者 說所求違願報 若遇飲食無度者 說飢渴咽

病報 若遇佃獵恣情者 說驚狂喪命報 若遇悖逆父母者 說天地災殺報 若遇燒山林木者 說狂迷取死報 若遇前後父母惡毒者 說返生鞭韃現受報 若遇網捕生雛者 說骨肉分離報 若遇毁謗三寶者 說盲聾瘖啞報 若遇輕法慢教者 說永處惡道報 若遇破用常住者 說億劫輪廻地獄報 若遇汚梵誣僧者 說永在畜生報 若遇湯火斬斫傷生者 說輪廻遞傷報 若遇破戒犯齋者 說禽獸飢餓報 若遇非理毁用者 說所求闕絶報 若遇我慢貢高者 說卑使下賤報 若遇兩舌鬪亂者 說無舌百舌報 若遇邪見者 說邊地受生報

"사천왕이여, 지장보살은 살생한 중생에게는 단명의 과보를, 도둑질한 중생에게는 가난의 과보를, 사음한 중생에게는 공작, 비둘기, 원앙으로 태어난다는 업보를 말해 주느니라.

그리고 험한 말을 하는 중생에게는 권속과 다투는 업보가, 남의 일을 방해하는 자에게는 혀가 없이 태어나는 업보가, 화내는 중생에게는 추악하게 얼굴이 일그러지는 업보가 따른다는 것을 일러 주느니라.

탐하고 인색한 중생에게는 소원이 이루어지지 않는 업보를, 음식을 무절제하게 욕심내는 중생에게는 기갈과 목병을 앓는 업보를, 사냥을 즐기는 자에게는 놀라고 미쳐 목숨을 잃는 업보를 일러 주느니라.

또한, 부모의 뜻을 어기는 자식에게는 천재지변으로 목숨을 잃는 업보를, 산과 숲에 방화를 하는 중생에게는 미쳐서 목숨을 잃게 되는 업보를, 부모를 해치는 불효자에게는 내생에 항상 매를 맞는 업보를, 살아 있는 동물의 새끼를 잡는 자에게는 혈육이별의 업보를 말해 주느니라. 그리고 삼보를 훼방하는 악자에게는 보고 듣고 말하지 못하는 업보를, 부처님의 법을 경시하고 가르침을 무시하는 자에게는 무량 세월 악도에 떨어지는 업보를 말해 주느니라.

절에서 사부대중의 물건을 함부로 쓰는 중생에게는 영원히 지옥에서 벗어나지 못하는 업보를, 청정한 수행과 발원을 하지 않고 수행자를 속이는 중생에게는 축생의 업보를, 끓는 물이나 불과 흉기로 생명을 해치는 자에게는 악도에 떨어져 같은 일을 당하는 윤회의 업보를 일러 주느니라.

또한, 계율을 파하고 지계를 범한 자에게는 짐승으로 태어나 굶주리는 업보를, 재물을 함부로 낭비하는 자에게는 구하는 것이 부족하고 끊어지는 업보를, 남을 무시하고 스스로를 치켜세우는 중생에게는 천한 종으로 태어나는 업보를 항상 일러 주느니라. 근본 없이 이곳저곳을 다니면서 이간질하는 중생에게는 혀가 없거나 여러 개의 혀를 갖고 태어나는 업보를, 생각이 바르지 못하고 삿된 중생에게는 아무 것도 살지 않는 변방에서 태어나 혼자 외롭게 살아가는 업보를 말해 주느니라."

如是等閻浮提衆生 身口意業 惡習結果 百千報應 今粗略說 如是等閻浮提衆生 業感差別 地藏菩薩 百千方便 而教化之 是諸衆生 先受如是等報 後墮地獄 動經劫數 無有出期 是故 如等 護人護國 無令是諸衆生 迷惑衆生 四天王 聞已 涕淚悲已 合掌而退

　"염부제 중생들이 잘못된 행동과 말과 생각으로 받게 되는 과보는 이처럼 한이 없느니라. 지장보살은 중생들의 업보를 근기를 살펴서 교화하지만, 끝내 따르지 않아 지옥으로 떨어지는 중생은 오랜 세월이 지나도 벗어날 수 없느니라. 그대들은 중생이 또 다른 중생을 해치는 일이 없도록 해야 하느니라."

　부처님의 말씀을 들은 사천왕은 탄식을 하면서 합장 예배한 후 물러갔다.

제5품 지옥명호품(地獄名號品)

爾時 普賢菩薩摩訶薩 白地藏菩薩言 仁者 願爲天龍八部 及未來現在一切衆生 說 娑婆世界 及閻浮提罪苦衆生 所受報處 地獄名號 及惡報等事 使未來世 末法衆生 知是果報 地藏 答言 仁者 我今 承佛威神 及 大士之力 略說地獄名號 及 罪報之事 仁者 閻浮提東方 有山 號曰鐵圍 其山 黑邃 無日月光 有大地獄 號極無間 又有地獄 名曰大阿鼻 復有地獄 名曰四角 復有地獄 名曰飛刀 復有地獄 名曰火箭 復有地獄 名曰夾山 復有地獄 名曰通槍 復有地獄 名曰鐵車 復有地獄 名曰鐵床 復有地獄 名曰鐵牛 復有地獄 名曰鐵衣 復有地獄 名曰千刃 復有地獄 名曰鐵驢 復有地獄 名曰洋銅 復有地獄 名曰抱柱 復有地獄 名曰流火 復有地獄 名曰耕舌 復有地獄 名曰剉首 復有地獄 名曰燒脚 復有地獄 名曰啗眼 復有地獄 名曰鐵丸 復有地獄 名曰諍論 復有地獄 名曰鐵鈇 復有地獄 名曰多瞋

그 때 보현보살이 지장보살에게 말하였다.

"인자시여, 천룡팔부와 모든 중생들을 위하여 사바세계 죄업으로 받는 지옥의 이름은 무엇이며, 무서운 과보가 어떤지 자세히 일러주시어 경각심을 주시옵소서."

지장보살이 대답하였다.

"인자시여, 부처님의 위신력과 힘을 받들어 지옥의 이름과 죄보에 대해 일러 주겠습니다.

염부제 동방에는 철위산이 있습니다. 철위산은 해와 달빛이 없어 어둠이 깊고 극무간이라는 큰 지옥이 있습니다.

또한 대아비지옥, 사각지옥, 비도지옥, 화전지옥, 협산지옥, 통창지옥, 철거지옥, 철상지옥, 철우지옥, 철의지옥, 천인지옥, 철려지옥, 양동지옥, 포주지옥, 유화지옥, 경설지옥, 좌수지옥, 소각지옥, 담안지옥, 철환지옥, 쟁론지옥, 철수지옥, 다진지옥이 있습니다."

地藏菩薩 又言 仁者 鐵圍之內 有如是等 地獄 其數無限 更有叫喚地獄 拔舌地獄 糞尿地獄 銅鎖地獄 火象地獄 火狗地獄 火馬地獄 火牛地獄 火山地獄 火石地獄 火床地獄 火梁地獄 火鷹地獄 鉅牙地獄 剝皮地獄 飮血地獄 燒手地獄 燒脚地獄 倒刺地獄 火屋地獄 鐵屋地獄 火狼地獄 如是等地獄 其中 各各復有諸小地獄 或一或二 或三或四 乃至百千 其中名號 各各不同

지장보살이 말을 이어갔다.

"인자시여, 철위산에는 지옥들이 헤아릴 수 없을 정도로 많습니다. 규환지옥, 발설지옥, 분뇨지옥, 동쇄지옥, 화상지옥, 화구지옥, 화마지옥, 화우지옥, 화산지옥, 화석지옥, 화상지옥, 화량지옥, 화응지옥, 거아지옥, 박피지옥, 음혈지옥, 소수지옥, 소각지옥, 도자지옥, 화옥지옥, 철옥지옥, 화랑지옥 등이 있으며, 각 지옥 속에는 다시 작은 지옥들이 셀 수 없이 많고 이름도 모두 다르나이다."

地藏菩薩 又告普賢菩薩言 仁者 此等 皆是南閻浮提行惡衆生 業感 如是 業力 甚大 能敵須彌能深巨海 能障聖道 是故 衆生 莫經小惡 以爲無罪 死後有報 纖毫受之 父子至親 岐路各別 縱然相逢 無肯代受 我今 承佛威力 略說地獄罪報之事 惟願仁者 暫聽是言 普賢菩薩 答言 吾雖久知 三惡道報 望仁者說 令後世末法 一切惡行衆生 聞仁者說 使令歸向佛法

지장보살이 다시 보현보살에게 말하였다.

"인자시여, 이러한 것은 남염부제에서 악행을 한 중생이 스스로 지은 업으로 받는 업보입니다. 업의 힘은 매우 커서 수미산과도 대적할 수 있으며, 대해보다 깊어 깨달음까지 막을 수 있습니다.

따라서 중생들은 작은 악행도 가볍게 여겨 죄가 아니라고 하지 말아야 하옵니다. 죽은 뒤에도 업보는 따르는 것이고, 털끝만한 죄업도 직접 받아야 하는 것이옵니다. 어버이와 자식 사이라도 서로의 죄업이 다르기 때문에 대신 받아 줄 수가 없사옵니다.

부처님의 위신력으로 지옥세계 죄보에 대해 설명할 것이니 들어보소서. 나는 오래전부터 삼악도 죄보에 대해 잘 알고 있습니다. 제가 법문을 듣고자 하는 것은 후세 말법시대 모든 중생들이 지장보살의 설법을 통해 불법에 귀의케 하기 위함입니다."

地藏菩薩 白言 仁者 地獄罪報 其事如是 或有地獄 取罪人舌 使牛耕之 或有地獄 取罪人心 夜叉食之 或有地獄 鑊湯盛沸 煮罪人身 或有地獄 赤燒銅柱 使罪人抱 或有地獄 飛猛火聚 趁及罪人 或有地獄 一向寒氷 或有地獄 無限糞尿 或有地獄 飛鐵楺鑗 或有地獄 多攢火槍 或有地獄 椎撞胸背 或有地獄 俱燒手足 或有地獄 盤繳鐵蛇 或有地獄 驅逐鐵狗 或有地獄 並駕鐵驢 仁者 如是等報 各各獄中 有百千種 業道之器 無非是銅是鐵 是石是火 此四種物 衆業行感 若廣說地獄罪報等事 一一獄中 更有百千種 苦楚 何況多獄 我今 承佛威神 及仁者問 略說如是 若廣解說 窮劫不盡

지장보살이 말하였다.

"보현보살이시여, 지옥에서 죄인이 받는 업보는 이와 같사옵니다. 어떤 지옥에서는 죄인의 혀를 뽑아 소에게 밭갈이를 시키듯이 밭을 갈게 하고, 어떤 지옥은 야차가 죄인의 심장을 빼어 먹으며, 어떤 지옥에서는 죄인의 몸을 가마의 끓는 물에 삶사옵니다. 또 어떤 지옥에서는 시뻘겋게 달아 있는 구리쇠기둥을 안게 하고, 어떤 지옥은 타오르는 불길 속으로 걷게 하며, 어떤 지옥은 천지가 찬 얼음뿐이옵니다. 또 어떤 지옥은 지천이 똥오줌이며, 어떤 지옥은 쉴 새 없이 쇠뭉치가 날아다니고, 어떤 지옥은 불창으로 찌르고, 어떤 지옥은 몽둥이로 가슴과 등을 내리치는 곳도 있사옵니다. 또 어떤 지옥에서는 손발을 태우고, 어떤 지옥은 온몸을 철뱀이 감아 옥죄며, 어떤 지옥에서는 무쇠개가 쫓아와서 물며, 어떤 지옥은 죄인에게 무쇠나귀를 끌게 합니다.

보현보살이시여, 지옥에는 구리, 쇠, 돌, 불 등 죄업에 따라 형벌을 가하는 백천 가지의 기구가 있사옵니다. 모두가 업에 따라 다르고, 한 지옥에서도 백천 가지 고초가 있어 이루 말할 수 없사옵니다. 하물며 지옥의 숫자는 셀 수 없는 무량이니 그 고초를 어찌 짐작이나 하겠습니까!

부처님의 위신력에 힘입어 보현보살의 물음에 답을 하였사온데, 더 세세한 설명은 세월이 아무리 흘러도 다하지 못하옵니다."

제6품 여래찬탄품(如來讚歎品)

爾時 世尊 擧身放 大光明 遍照百千億 恒河沙等諸佛世界 出大音聲 普告諸佛世界一切諸菩薩摩訶薩 及天龍鬼神人非人等 聽吾今日 稱揚讚歎地藏菩薩摩訶薩 於 十方世界 現大不可思議威神慈悲之力 救護一切罪苦之事 吾滅度後 汝等諸菩薩大士 及 天龍鬼神等 廣作方便 衛護是經 令 一切衆生 離一切苦 證 涅槃樂 說是語已 會中 有一菩薩 名曰 普廣 合掌恭敬 而百佛言 今見世尊 讚歎地藏菩薩 有如是 不可思議 大威神力 唯願世尊 爲未來世 末法衆生 宣說 地藏菩薩 利益人天 因果等事 使諸天龍八部 及未來世衆生 頂受佛語

그 때 부처님께서 백천억 항하의 모래처럼 많은 부처님의 세계로 대광명을 비추면서 일체 중생들에게 우렁차게 말씀하셨다.

"지장보살이 시방세계에서 무한의 위신력과 대자비로 중생들을 구제하는 서원에 대해 찬탄하리라. 내가 멸도를 하더라도 모든 이들은 근기에 맞게 경전을 지키고 열반의 기쁨을 얻을 수 있도록 하라."

부처님의 말씀이 끝나자, 보광보살이 합장한 후 부처님께 사뢰었다.

"세존께서는 지장보살의 불가사의한 위신력에 대해 찬탄하셨나이다. 바라옵건대 말법시대 중생들을 위해 지장보살이 이익을 주는 일들에 대해 말씀하셔서 누구나 부처님의 말씀을 받들어 수지하도록 하시옵소서."

爾時 世尊 告 普廣菩薩 及 四衆等 諦廳諦 吾當爲汝 略說地藏菩薩 利益人天福德之事 普廣 白言 唯然世尊 願樂欲聞 佛告普廣菩薩 未來世中 若有善男子善女人 聞是地藏菩薩摩訶薩名者 或合掌者 讚歎者 作禮者 戀慕者 是人 超越三十劫罪 普廣 若有善男子善女人 或彩畫形象 或土石膠漆 金銀銅鐵 作此菩薩 一瞻一禮者 是人 百返生於三十三千 永不墮於惡道 假如天福 盡故 下生人間 猶爲國王 不失大利 若有女人 厭女人身 盡心供養地藏菩薩畫像 及土石膠漆銅鐵等像 如是日日不退 常以華香飮食 衣服繒綵 幢幡錢寶等物 供養 是 善女人 盡此一報女身 百千萬劫 更不生 有女人世界 何況復受女身 除 悲慈願力故 要受女身 度脫衆生 承斯供養地藏菩薩之力 及 功德力故 百千萬劫 更不復受女人之身

부처님께서 보광보살과 사부대중에게 말씀하셨다.

"잘 들으라. 내가 그대들에게 인간과 천인을 이롭게 하는 지장보살의 복덕에 대해 말할 것이다."

보광보살이 부처님께 말씀을 올렸다.

"세존이시여, 말씀해 주옵소서."

부처님께서 보광보살에게 말씀하셨다.

"누구나 지장보살의 명호를 듣고 합장, 찬탄, 예배한다면 30겁의 죄를 면하게 될 것이다.

보광이여, 누구나 지장보살 모습을 그리거나 보살상을 만들어 예배한다면, 악도에 떨어지지 않고 백 번에 걸쳐 삼십삼천에 태어날 것이다. 천복이 다하여 인간 세상으로 다시 내려와도 국왕으로 태어나 복된 삶을 누릴 것이다.

만약, 여성의 몸을 싫어하는 청신녀가 정성으로 지장보살상을 그리거나 지장보살상에 날마다 꽃, 향 등으로 공양을 올린다면 백천만 겁의 세월이 흘러도 더 이상 여인의 몸을 받지 않을 것이다."

復次普廣菩薩 若有女人 厭是醜陋 多疾病者 但於地藏菩薩像前 至心瞻禮食頃之間 是人 千萬劫中 所手生身 相貌圓滿 無諸疾病 是醜陋女人 如不厭是女身 卽 百千萬億劫中 常爲王女 乃及王妃 宰輔大姓 大長者女 端正手生 諸相圓滿 由至心故 瞻禮地藏菩薩 獲福如是

"보광보살이여, 만약 어떤 여성이 추하고 병 많은 것을 싫어한다면, 잠시라도 지장보살상 앞에서 예배를 한다면 천만 겁 세월 동안 체형은 원만하고, 질병을 앓는 일이 없을 것이다. 여자로 태어나기를 좋아한다면 백천만억 겁의 세월 동안 왕녀나 왕비, 혹은 재상이나 장자의 딸로 태어날 것이다. 이처럼 지장보살을 공경하면 크나큰 복덕을 얻느니라."

復次普廣 若有善男子善女人 能對地藏菩薩前 作諸妓樂 歌詠讚歎 香華供養 乃至勸於一人多人 如是等輩 現在世中 及未來世 常得百千鬼神 日夜衛護 不令惡事 輒聞於耳 何況親受諸橫

"보광보살이여, 누구라도 지장보살상 앞에서 악기를 연주하거나 노래하고 향, 꽃으로 공양하면서 다른 사람들에게도 권한다면, 수많은 신들이 현재는 물론, 미래세에도 밤낮으로 보호해 나쁜 일들은 전혀 귀에 들리지 않게 할 것이니라. 하물며 공양을 올린 사람들에게 나쁜 일을 직접 당하게 하겠느냐."

復次普廣菩薩 未來世中 若有惡人 及惡神惡鬼 見有善男子善女人 歸敬供養 讚歎瞻禮地藏菩薩形像 或妄生譏毀 謗

無功德 及利益事 或露齒笑 或背面非 或勸人共非 或一人
非 或多人非 乃至一念 生譏毀者 如是之人 至賢劫 千佛滅
度之後 譏毀罪報 尙在阿鼻地獄 受極重罪 過是劫已 方受
餓鬼 又經千劫 復受畜生 又經千劫 方得人身 縱得人身 貧
窮下賤 諸根 不具 多被惡業 來結期身 不久之間 復墮惡道
是故 普廣 譏毀他人供養 尙獲此報何況別生惡見毀滅

"보광보살이여, 만약 악인이나 악귀가 지장보살께 귀의하여 찬탄하고 공양하는 이들을 비난하고 헐뜯는다고 하자.

또한, 공덕도 이익도 전혀 없다고 비난하고 비웃거나 다른 사람들을 선동하면서 훼방한다고 하자.

그렇다면 이 사람은 현겁 천불이 멸도해도 아비지옥에 빠져 엄청난 죄보를 받게 되느니라. 겁이 지나도 아귀세상에 떨어지고 또 천겁이 지나면 축생보를, 또 다시 천겁을 보내야 비로소 사람의 몸을 받게 되는데, 인간의 몸을 얻더라도 가난하고 비천하고 불구의 몸을 받으며 시간이 지나면 다시 악도로 떨어지느니라.

보광보살이여, 다른 사람이 공양을 올리는 것을 비방하고 헐뜯는 것만으로도 엄청난 죄업을 받느니라.

하물며 나쁜 마음으로 공양을 훼방한다면 그 죄업이 얼마나 큰지 더 이상 말할 필요가 있겠느냐."

復次普廣菩薩 若未來世 有男子女人 久患狀枕 求生求死 了不可得 或夜夢 惡鬼乃及家親 或遊險道 或多厭魅 共鬼神遊 日月歲深 轉復尩瘵 睡中叫喚 悽慘不樂者 此 皆是業道論對 未定經重 或難捨壽 或不得愈 男女俗眼不辯是事 但當對諸佛菩薩像前 高聲轉讀此經一遍 或取病人 可愛之物 或衣服寶貝 莊園舍宅 對病人前 高聲唱言 我某甲等 爲是病人 對經像前 捨諸物等 或供養經像 或造佛菩薩形象 或施常住 如是三白病人 遣令聞知 假使諸識 分散 至氣盡者 一日二日三日 乃至七日 但高聲白事 高聲讀經 是人 命終之後 宿殃重罪 至于五無間罪 永得解脫 所受生處 常知宿命 何況善男子善女人 自書此經 或敎人書 或自塑畵菩薩形像 乃至敎人塑畵 所受果報 必獲大利 是故 普廣 若見有人 讀誦是經 乃至一念 讚歎是經 或恭敬是經者 汝須百千方便 勸是等人 勤心莫退 能得未來現在 百千萬億不可思議功德

"보광이여, 만약 어떤 사람이 오랜 시간 병상에서 보내거나 죽는 것도 마음대로 할 수 없고, 꿈을 꾸면 악귀가 집안을 해치며 험한 길을 헤매면서 가위 눌리고, 귀신에 홀리기도 하면서 시간이 흘러 몸이 여위어지고, 잠 속에서도 헛소리를 지르고 괴로워한다면 이 모두가 죄업 때문이니라.

이럴 때는 항상 모든 불보살께 이 경전을 독송하거나 불보살상을 조성하고 아끼는 물건을 대중들에게 보시할 것이라고 마음을 먹어야 한다. 환자의 의식이 혼미하더라도 하루, 이틀, 사흘 혹은 7일 동안 소리 높여 경전을 독송하여라. 그렇게 한다면 병자의 목숨이 다하여 오무간지옥에 떨어져도 해탈을 얻어 태어나는 곳마다 스스로의 숙명을 알게 되느니라.

하물며 누구나 직접 경전을 쓰거나 다른 사람에게 쓰게 하고, 보살상을 직접 그려 장엄하고, 다른 사람들에게 권하여 조성한다면 그 공덕으로 받게 되는 과보가 얼마나 크겠느냐.

보광보살이여, 그대는 이 경전을 독송하고 공경하는 중생들에게 백천의 방편으로 보호하고 무량 세월 불가사의한 공덕을 얻을 수 있게 하라."

復次寶廣菩薩 若未來世界 諸衆生等 或夢或寐 見諸鬼神 乃及諸形 或悲或啼 或愁或歎 或悲或怖 此 皆是一生十生 百生千生 過去父母 男女弟妹 夫妻眷屬 在於惡趣 未得出離 無處希望福力 救拔苦惱 當告宿世骨肉 使作方便 願離惡道 普廣 汝以神力 遣是眷屬 令對諸佛菩薩像前 至心 自讀此經 或請人讀 基數三遍 或至七遍 如是惡道眷屬 經聲畢是遍數 當得解脫 乃至夢寐之中 永不復見

"보광보살이여, 어느 누가 꿈이나 잠결에 귀신 등 여러 형상이 나타나 탄식하거나 두려워하는 모습을 볼 수 있을 것이다. 이는 과거세 부모나 부부, 형제자매였던 인연들이 스스로 헤어날 수 없는 악도에 떨어져 숙세 후손들에게 구원해 주기를 바라는 표현이니라. 그러한 사람들이 있다면 불보살상 앞에서 지장경을 독송하게 하거나, 다른 사람에게 지속적으로 독송하도록 한다면, 악도에서 고통 받는 모든 권속들이 염불소리를 듣고 해탈을 할 것이고, 더 이상 꿈이나 잠자리에 나타나지 않을 것이니라."

　復次普廣 若未來世 有諸下賤等人 或奴或婢 乃至諸不自由之人 覺知宿業 要懺悔者 至心瞻禮地藏菩薩形像 乃於一七日中 念 菩薩名 可滿萬遍 如是等人 盡此報後千萬生中 常生尊貴 更不經歷三惡道苦 復次普廣 若 未來世中 閻浮提內 刹利婆羅門長者居士一切人等 及異姓種族 有新生者 或男或女 七日之中 早與讀誦此 不可思議經典 更爲念菩薩名號 可滿萬遍 是 新生子 或男或女 宿有殃報 便得解脫 安樂易養 壽命 增長 若是承福生者 轉增安樂 及與壽命

"보광보살이여, 비천한 사람이나 노비 등 자유를 잃은 중생들이 숙세의 죄업을 깨닫고 참회하거든 극진한 마음으로 지장보살상에 예배하도록 하여라. 7일간 정성을 다해 지장보살을 생각하면서 명호를 독송하면 1만 회를 채울 것이니라. 이같이 실천하는 사람들은 현세업보를 다하면 천만 생 동안 귀하게 태어나고, 더 이상 삼악도에 떨어지는 괴로움도 겪지 않을 것이니라.

보광이여, 만약 미래세 어느 누구라도 새로 태어나는 자식이 있다면 생후 7일간 이 경전을 정성껏 읽어 주어라. 그리고 지장보살 명호를 수지하여 염하기를 만 번을 한다면 새로 태어난 아이는 과보로 받을 죄업이 있어도 아무런 탈 없이 안락하게 성장하고 장수할 것이니라. 만약 복까지 타고났다면 편안함은 물론, 수명까지 더할 수 있으리라."

復次普廣 若 未來世衆生 於月一日八日 十四十五 十八日二十三 二十四二十八日 二十九三十日 是諸日等 諸罪結集 定基輕重 南閻浮提衆生 擧止動念 無不是業 無不是罪 何況恣情 殺生竊盜 邪淫妄語 百千罪狀 若能於是十齋之日 對 佛菩薩 及諸賢聖像前 轉讀是經一遍 東西南北百由旬內 無諸災難 當次居家 若長若幼 現在未來百千世中 永離惡趣 能於十齋日 每轉一遍 現世 令此居家 無諸橫病 衣食豊溢 是故 普廣 當知 地藏菩薩 有 如是等不可說百千萬億 大威信力 利益之事 閻浮衆生 於此大士 有大因緣 是諸衆生 聞菩薩名 見 菩薩像 乃至聞 是經三字五字 或一偈一句者 現在 殊妙安樂 未來之世 百千萬生 常得端正 生 尊貴家

"보광보살이여, 매달 1일, 8일, 14일, 15일, 18일, 23일, 24일, 28일, 29일, 30일은 중생들이 지은 죄의 경중을 가리는 날이니라. 남염부제의 중생들이 몸을 움직이고 마음을 갖고 있는 것에는 업 아닌 것이 없고, 죄가 아닌 것이 없다는 것을 명심해야 하느니라. 이럴진대 마음이 방자하여 산 목숨을 죽이고 남의 물건을 훔치고, 사음과 거짓말을 했다면 백천 가지 죄보다 더 많지 않겠느냐. 십재일(十齋日)에 불보살과 모든 성현 앞에서 이 경전을 단 한 번만이라도 독송하면 누구나 사방 백 유순 안의 재앙과 고난으로부터 해방되고 악도에서 벗어날 것이니라.

또한, 십재일마다 이 경전을 독송하면 집안의 모든 악기운이 사라지고 의식이 풍족할 것이니라. 보광보살이여, 이처럼 지장보살에게는 말로 형언할 수 없는 무량의 위신력이 있다는 것을 명심해야 할 것이니라. 중생들은 지장보살 이름을 듣고 보살상에 예배하며 경전 몇 글자, 한 게송, 한 글귀라도 듣는다면 현재의 삶은 더욱 안락해질 것이다. 또한 미래세 무량 세월이 흐른 후에는 원만한 용모로 귀한 가문에 태어날 것이니라."

爾時 普廣菩薩 聞佛如來 稱揚讚歎地藏菩薩 胡跪合掌 復白佛言 世尊 我久知是大士 有 不可思議神力 及 大誓願力 爲未來衆生 遣知利益 故問如來 世尊 當何名此經 使我

云何流布 唯願頂受 佛告普廣 此經 凡有三名 一名 地藏本願 亦名地藏本行 亦名地藏本誓力經 緣此菩薩 久遠劫來 發中大願 利益衆生 是故 汝等 依願流布 普廣菩薩 聞已信受 合掌恭敬 作禮而退

  보광보살은 부처님께 무릎 꿇고 합장한 후 다시 사뢰었다.

  "저는 지장보살의 불가사의한 위신력과 서원이 얼마나 큰지 오래전부터 알고 있었사오나 중생들을 위해 부처님께 여쭈었나이다. 세존이시여, 이 경전의 이름은 무엇이며, 저희들이 어떻게 간직해야 할 것인지 말씀해 주옵소서."

  부처님께서 말씀하셨다.

  "이 경전은 세 가지 이름이 있으니 지장본원경, 지장본행경, 지장본서력경이니라. 지장보살이 무량 세월 전에 서원을 세워 중생들을 위해 베풀어 왔으니 그대들도 지장보살의 서원을 믿고 널리 알릴지니라."

  부처님의 말씀을 들은 보광보살은 합장 예배한 후 물러갔다.

제7품 이익존망품(利益存亡品)

爾時 地藏菩薩摩訶薩 白佛言 世尊 我觀 是 閻浮提衆生 擧足動念 無非是罪 若遇善利 多退初心 或有惡緣 念念增益 是等輩人 如履泥塗 負於重石 漸困漸重 足涉深邃 若得遇善知識 替與減負 或全與負 是善知識 有大力故 復相扶助 勸令牢脚 若達平地 須省惡路 無再經歷 世尊 習惡衆生 從纖毫間 便至無量 是諸衆生 有如此習 臨命終時 男女眷屬 宜爲說福 以資前路 或懸幡盖 及然油等 或轉讀尊敬 或供養佛像 及諸聖像 乃至念佛菩薩 及辟支佛名字 一名一號 歷 臨終人耳根 或聞在本識 是諸衆生 所造惡業 計其感果 必墮惡趣 緣是眷屬 爲其臨終之人 修此聖因 如是衆罪 悉皆消滅

그 때 지장보살이 부처님께 사뢰었다.

"세존이시여, 염부제 중생들이 행동하고 생각하는 것을 보면 죄 아닌 것이 없나이다. 어쩌다 훌륭한 사람을 만나도 나쁜 일에 잘 휘말려 처음 생각했던 방향과는 다른 길로 걷

나이다. 이것은 마치 지게에 돌을 지고 진구렁을 걷는 모습이어서 시간이 지날수록 피곤하고 무거워져 점점 깊숙이 빠져드는 이치와 같사옵니다. 운 좋게 선지식을 만나면 짐을 덜고, 어떤 경우에는 지게를 대신 져 주기도 하는데, 이것은 선지식의 위신력 덕분이옵니다. 선지식은 서로 의지하여 가는 길을 수월하게 하고, 평지에서는 험난하게 지나온 길을 되돌아보게 하여 이끌어 주나이다.

　세존이시여, 악습에 물든 중생들은 티끌만한 일에서도 헤아릴 수 없는 죄를 저지르옵니다. 때문에 임종이 가까워오면 그의 권속들이 복을 닦아 악도를 막아 주고 앞길을 열어 주고자 노력하는 것입니다. 깃발을 걸고 등불을 밝히거나, 경전을 독송하고 불상과 성인들의 존상에 공양을 올리기도 합니다. 부처님과 보살, 벽지불의 명호를 단 한 번이라도 불러 주어 임종자의 귀를 통해 본식에 들어가면 악도에 떨어져도 권속의 공덕으로 모든 죄가 소멸되는 것이옵니다."

　若能更爲身死之後 七七日內 廣造衆善 能使是諸衆生 永離惡趣 得生人天 受勝妙樂 現在眷屬 利益無量 是故 我今對佛世尊 及天龍八部人非人等 勸於閻浮提衆生 臨終之日 愼勿殺生 及造惡緣 拜祭鬼神 求諸魍魎 何以故 是所殺緣 乃至拜祭 無纖毫之力 利益亡人 但結罪緣 轉增深重 假使來世 或現在生 得獲聖分 生 人天中 緣是臨終 被諸眷屬 造

是惡因 亦令是命終人 殃累對辨 晚生善處 何況臨命終人 在生 未曾 有小善根 各據本業 自受惡趣 何忍眷屬 更爲增業 譬如有人 從遠地來 節糧三日 所負擔物 强過百斤 忽遇隣人 更附小物 以是之故 轉復困重 世尊 我觀 閻浮衆生 但能於諸佛敎中 乃至善事 一毛一適 一沙一塵 如是利益 悉皆自得

"죽은 이를 위해 49일 동안 공덕을 쌓으면, 인간이나 천상에 태어나는 복락을 누리고, 살아 있는 권속들도 끝없는 복락을 누리는 것이옵니다. 이런 연고에 살생을 금하고, 악연은 짓지 말며, 귀신을 숭배하고 도깨비에게 제사를 지내는 삿된 행동을 하지 않도록 권하고 있나이다.

살생을 하거나 귀신에게 제사를 지내는 중생들은 절대 복락을 받지 못하고, 오히려 죄보를 더욱 깊고 무겁게 하는 것이옵니다. 내세나 현세의 좋은 인연이 작용하여 인간이나 천상에 태어나도 임종할 때 권속들이 악을 짓는다면, 좋은 곳에 태어나는 것을 늦게 하옵니다. 더구나 임종한 중생이 조그만 선근조차 쌓지 않았다면 악도에 떨어지는 것이 분명할 것인데, 권속들의 업까지 죽은 자에게 보태서야 되겠습니까. 그것은 마치 먼 곳에서 어떤 사람이 식량이 떨어진 지 3일, 등짐의 무게가 100근이 넘는데, 이웃 사람을 만나 보따리를 하나 더 부담하는 이치와 같나이다.

세존이시여, 어떠한 중생이라도 부처님의 가르침을 티끌만큼이라도 행하였다면 큰 복락을 얻을 것이옵니다."

說是語時 會中 有一長者 名曰大辯 是長者 久證無生 化度十方 現長者身 合掌恭敬 問地藏菩薩言 大士 是南閻浮提衆生 命終之後 大小眷屬 爲修功德 乃至說齋 造衆善因 是 命終人 得大利益 及 解脫不

지장보살이 말을 할 때 대변이라는 한 장자가 있었으니, 그는 오래전 무생을 얻어 중생제도를 위해 장자로 태어난 사람이었다. 장자는 지장보살에게 합장한 후 여쭈었다.
"지장보살이시여, 중생이 수명이 끝났더라도 권속들이 공덕의 재를 베풀고, 착한 인연을 쌓으면 저세상에 갔더라도 해탈을 얻게 되는지요?"

地藏菩薩 答言 長者 我今 爲 未來現在一切衆生 承佛威力 略說是事 長者 未來現在一切衆生等 臨命終時 得聞一佛名 一菩薩名 一辟支佛名 不問有罪無罪 悉得解脫 若有男子女人 在生 不修善因 多造衆罪 命終之後 眷屬大小 爲造福利一切聖事 七分之中 而乃獲一 六分功德 生者 自利 以是之故 未來現在善男女等 聞健自修 分分全獲 無常大鬼 不期而到 冥冥遊神 未知罪福 七七日內 如癡如聾 或在諸

司 辯論業果 審定之後 據業受生 未測之間 千萬愁苦 何況
墮於諸惡趣等 是 命終人 未得受生 在 七七日內 念念之間
望諸骨肉眷屬 與造福力救拔 過是日後 隋業受報 若是罪人
動經千百歲中 無 解脫日 若是五無間罪 墮大地獄 千劫萬
劫 永受衆苦

지장보살이 답하였다.

"장자시여, 부처님의 위신력을 받들고 일체 중생들을 위하여 알려 주겠습니다. 누구나 임종 시에 부처님, 보살, 벽지불 중 한 명호만 들어도 죄의 유무와 관계없이 해탈을 얻나이다.

만약 생전에 선업을 쌓지 않고 죄를 짓고 임종했을 때, 권속들이 그를 위해 복을 베풀면 공덕의 7분의 1은 임종자에게, 나머지는 권속들이 얻게 되나이다.

공덕은 스스로 닦아야 모두 자신의 복덕이 되는 것입니다. 죽음의 귀신이 다가오면, 자신의 죄와 복을 구분하지 못하며 49일간 귀머거리같이 헤매다가 명부로 가면 옳고 그름을 판단하게 되고, 자신의 업보대로 다시 생을 받게 되는 것이옵니다.

예측할 수 없는 그 시간은 말할 수 없는 근심과 고통이 따르는데, 하물며 악도로 떨어지면 고통이 얼마나 크겠습니까. 이 세상 목숨을 다한 이는 49일 동안 권속들이 악도에서 벗어나게 해 주기를 간절히 원하는데, 49일이 지나면 과보를 받게 되나이다. 죽은 자의 죄가 너무 무거워 오무간지옥에 떨어진다면 무량 세월 엄청난 고초를 당할 것이옵니다."

　復次長者 如是罪業衆生 命終之後 眷屬骨肉 爲修營齋 資助業道 未齋食竟 及營齋之次 米泔採葉 不棄於地 乃至諸食 未獻佛僧 勿得先食 如有違食 及不精勤 是 命終人 了不得力 若能精勤護淨 奉獻佛僧 是 命終人 七分 獲一 是故長者 閻浮衆生 若能爲其父母 乃至眷屬 命終之後 說齋供養 至心勤懇 如是之人 存亡獲利 說是語時 忉利天宮 有千萬億 那由他閻浮鬼神 悉發無量菩提之心 大辨長者 歡喜奉敎 作禮而退

"장자시여, 죄업이 있는 중생은 목숨이 끊어지면 후손들이 재를 베풀어 선업을 닦아야 하나이다. 모든 재를 마치기 전에는 쌀뜨물이나 채소를 함부로 버리지 말아야 하며, 음식은 삼보님께 공양을 올리기 전에는 절대 먹어서 안 되옵니다. 먼저 먹거나 정성이 부족하면, 복을 얻지 못하나이다. 그러나 정성을 다해 청정함을 지킨다면, 그 공덕의 7분의 1은 목숨을 마친 이가 얻게 되옵니다. 장자시여, 중생이 죽은 부모나 권속을 위해 정성을 다해 재를 베풀고 지극한 마음으로 공양을 올린다면 이 세상 사람이나 저세상 사람 모두가 큰 복락을 얻는 것이옵니다."

　도리천궁에 모였던 무량의 신들은 하나같이 보리심으로 가득 찼고, 대변장자는 가르침을 실천하기 위해 예배한 후 물러갔다.

제8품 염라왕중찬탄품(閻羅王衆讚歎品)

爾時 鐵圍山內 有無量鬼王 與閻羅天子 俱詣忉利 來到 佛所 所謂惡毒鬼王 多惡鬼王 大爭鬼王 白虎鬼王 血虎鬼 王 赤虎鬼王 散殃鬼王 飛身鬼王 電光鬼王 狼牙鬼王 千眼 鬼王 噉獸鬼王 負石鬼王 主耗鬼王 主禍鬼王 主福鬼王 主 食鬼王 主財鬼王 主畜鬼王 主禽鬼王 主獸鬼王 主魅鬼王 主產鬼王 主命鬼王 主疾鬼王 主險鬼王 三目鬼王 四目鬼 王 五目鬼王 祁利失王 大祁利失王 祁利叉王 大祁利叉王 阿那吒王 大阿那吒王 如是等大鬼王 各各與 百千諸小鬼王 盡居閻浮提 各有所執 各有所住 是諸鬼王 與 閻羅天子 承 佛威神 及 地藏菩薩摩訶薩力 俱詣忉利 在一面立

그 때 철위산에 있던 수많은 귀왕들이 염라천자와 함께 도리천 부처님 처소에 모였다. 악독귀왕, 다악귀왕, 대쟁귀왕, 백호귀왕, 혈호귀왕, 적호귀왕, 산앙귀왕, 비신귀왕, 전광귀왕, 낭아귀왕, 천안귀왕, 담수귀왕, 부석귀왕, 주모귀왕, 주화귀왕, 주복귀왕, 주식귀왕, 주재귀왕, 주축귀왕, 주금귀왕, 주수귀왕, 주매귀왕, 주산귀왕, 주명귀왕, 주질귀왕, 주험귀왕, 삼목귀왕, 사목귀왕, 오목귀왕, 기리실왕, 대기리실왕, 기리차왕, 대기리차왕, 아나타왕, 대아나타왕 등 대귀왕들과 백천의 소귀왕들이었다. 이들은 염부제에 살면서 각자의 소임을 부여받으면서 머무는 곳이 따로 있었다. 염라천자와 귀왕들은 부처님의 위신력과 지장보살의 서원을 받들어 도리천 한편에 서 있었다.

爾時 閻羅天子 胡跪合掌 白佛言 世尊 我等 今者 與諸鬼王 承佛威神 及地藏菩薩摩訶薩力 方得詣此 忉利大會 亦是我等 獲 善利故 我今 有小疑事 敢問世尊 惟願世尊 慈悲 爲我宣說

그 때 염라천자가 부처님께 합장하고 무릎 꿇어 사뢰었다.

"세존이시여, 도리천 대법회에 모인 귀왕들은 부처님의 위신력과 지장보살의 가르침을 받들어 보다 나은 복덕을 받기 위해 왔사옵니다. 궁금한 것이 있어 세존께 여쭙고자 하오니 자비의 마음으로 말씀해 주시옵소서."

佛告閻羅天子 恣汝所問 吾爲汝說 是時 閻羅天子 瞻禮世尊 及 廻視地藏菩薩 而白佛言 世尊 我觀 地藏菩薩 在六

道中 百千方便 而度罪苦衆生 不辭疲倦 是 大菩薩 有 如是
不可思議 神通之事 然諸衆生 脫獲罪報 未久之間 又墮惡
道 世尊 是 地藏菩薩 旣有如是不可思議神力 云何衆生 而
不依止善道 永取解脫 唯願世尊 爲我解說

   부처님께서 염라천자에게 말씀하셨다.
   "궁금한 것이 있다면 무엇이든 알려줄 것이니라."
   염라천자가 세존께 예배하고 지장보살을 돌아보면서 부처님께 사뢰었다.
   "세존이시여, 지장보살은 육도(六道)에서 고통을 받고 있는 중생들을 백천의 방편으로 구제하기 위해 어떤 어려움도 감수하는 불가사의한 신통이 있사옵니다. 그러나 모든 중생들은 죄보에서 벗어났다가도 얼마 지나지 않아 다시 악도에 떨어지고 있나이다. 세존이시여, 지장보살에게는 불가사의한 신력이 있거늘, 어찌하여 중생들은 모두 해탈을 얻지 못하나이까?"

   佛告閻羅天子 南閻浮提衆生 基性 剛强 難調難伏 是大
菩薩 於百千劫 頭頭救拔如是衆生 早令解脫 是諸罪人 乃
至墮 大惡趣 菩薩 以 方便力 出拔根本業緣 而遣悟 宿世
之事 自是閻浮衆生 結惡習重 旋出旋入 勞斯菩薩 久經劫
數 而作度脫 譬如有人 迷失本家 誤入險道 基險道中 多諸

夜叉 及 虎狼獅子 蚖蛇蝮蠍 如是迷人 在險道中 須臾之間
即遭諸毒 有一知識 多解大術 善禁是毒 乃及夜叉諸惡毒等
忽逢迷人 欲進險道 而語之言 咄哉 男子 爲何事故 而入此
路 有何異術 能制諸毒 是迷路人 忽聞是語 方知險道 即便
退步 求出此路 是善知識 提携接手 引出險道 免諸惡毒 至
于好道 令得安樂 而語之言 咄哉迷人 自今以後 勿履此道
此路入者 卒難得出 復損性命 是 迷路人 亦生感動 臨別之
時 知識 又言 若見知親 及諸路人 若男若女 言於此路 多諸
惡毒 喪失性名 無令是衆 自取其死 是故 地藏菩薩 具大慈
悲 救拔罪苦衆生 欲生天人中 令受妙樂 是諸罪衆 知業道
苦 脫得出離 永不再歷 如迷路人 誤入險道 遇善知識 引接
令出 永不復入 逢見他人 復勸莫入 自然 因是迷故 解脫離
竟 更不復入 若再履踐 猶尙迷誤 不覺舊曾所落險道 或致
失命 如墮惡趣衆生 地藏菩薩 方便力故 使令解脫 生 人天
中 旋又再入 若業結重 永處地獄 無解脫時

부처님께서 염라천자의 물음에 답하셨다.
"남섬부주 중생들은 성질이 거칠고 억세기 때문에 제도하기 어렵지만, 지장보살은 백천 겁의 방편으로 구제하여 해탈케 하였느니라. 지장보살은 악도에 떨어진 중생까지 방편을 베풀어 악연에서 구출하여 숙세의 잘못을 깨닫게 했느니라. 그러나 중생들이 저지르는 악습의 고리는 깊고도 무거워 바로 드러냈다가도 어느새 사라지는 까닭에 지장보살이 무량 세월 동안 제도하고 있느니라.

　예를 들어, 어떤 지혜가 없는 중생이 길을 잃고 헤매는데, 그곳에는 야차와 호랑이, 늑대, 사자, 구렁이, 독사, 전갈들이 많다고 치자. 미혹한 사람이 그 길로 들어서자마자 여러 독들과 만나는 순간, 악한 것들을 슬기롭게 제지하는 선지식이 그 사람에게 말한다. '안타깝다, 이 사람아! 어찌하여 이토록 험한 길로 들어섰는가? 저 많은 독종들을 무슨 방법으로 막아낼 것인가?' 이 말을 들은 중생은 선지식의 말을 듣고 벗어나고자 마음을 먹는다. 선지식은 그의 손을 이끌어 독종들을 제지하여 좋은 길로 인도한 후 다시 말한다. '어리석은 사람아, 다음부터는 부디 이 험한 길로 들어서지 말라.' 이 길로 들면 빠져나갈 수 없고 목숨을 잃게 된다는 조언까지 들은 이 사람은 크게 감동할 것이다.

　작별을 하면서 선지식이 다시 말하느니라. '만약 미혹의 길을 가는 사람이 있거든 누구라도 목숨을 잃을 수 있다는 것을 말해 주어 죽음을 선택하지 않도록 해야 하느니라.'

　이와 같이 지장보살은 죄업중생들을 구제하는 즐거움으로 인도하고자 하는 것이다. 일체 중생들이 업보의 고통을 잘 인식하여 다시는 악도에 들어서지 않게 되는 것도 이 같은 이치 때문이니라. 이것은 길을 잃은 중생들이 좋지 못한 길로 들어섰을 때, 선지식을 만나 구제되어 다시는 되풀이

하지 않게 하는 이치와 같다. 또한, 누구라도 권고하여 악도에 빠지지 않는 해탈을 얻게 하는 것과 같다.

그러나 미혹을 벗지 못해 다시 그 길을 들어선다면 목숨을 잃는 위험에 처할 것이다. 이는 지장보살이 악도에 떨어진 중생을 큰 방편으로 해탈하게 하여 인간이나 천상에 태어나게 하더라도 중생 스스로 다시 악도에 들어서면 막을 길이 없는 것과 다름없느니라. 악업이 강하게 맺혀 있다면 지옥에서 벗어날 기약이 없느니라."

爾時 惡毒鬼王 合掌恭敬 白佛言 世尊 我等諸鬼王 其數無量 在閻浮提 或 利益人 或 損害人 各各不同 然是業報 使我眷屬 遊行世界 多惡小善 過人家庭 或城邑聚落 莊園房舍 或有男子女人 修 豪髮善事 乃至縣 一幡一盖 少香少華 供養佛像 及 菩薩像 或轉讀尊經 燒香供養一句一偈 我等鬼王 敬禮是人 如 過去現在未來諸佛 勅諸小鬼 各有大力 及 土地分 更令衛護 不令惡事橫事 惡病橫病 乃至不如意事 近於此舍等處 何況入基門戶

악독귀왕이 합장한 후 부처님께 사뢰었다.

"세존이시여, 한량없이 많은 우리 귀왕들은 염부제 중생들에게 이익을 주기도 하고 손해를 끼치기도 합니다. 이는 중생들의 업보가 각각 다르기 때문입니다. 저희들이 여러 세계를 살펴보면 악한 것은 많지만, 선한 것은 많지 않습니다. 집이나 마을을 지나가다가 조금이라도 선한 행동을 하는 사람을 볼 때가 있습니다. 부처님 가르침을 찬탄하거나 불상 앞에 향, 꽃을 공양하고 경전을 독송하는 것을 보면 귀왕들은 과거, 현재, 미래의 모든 부처님을 모시듯이 공경하옵니다. 또한, 작은 귀신 무리들에게도 그들을 보호해 주도록 하고, 횡액이나 사나운 병마, 궂은일들이 일어나지 않게 하옵니다. 더구나 액운이나 병마가 그 사람의 집안에 발을 붙일 수 있게 하겠나이까.”

佛讚鬼王 善哉善哉 汝等 及與閻羅天子 能如是 擁護 善男子善女人 吾亦令於梵王帝釋 衛護汝等 說是語時 會中有一鬼王 名曰主命 白佛言 世尊 我本業緣 主基閻浮提人壽命 生時死時 我皆主知 在我本願 甚大利益 自是衆生 不會我意 致令生死 俱不得安 何以故 是 閻浮提人 初生之時 不問男女 將欲生時 但作善事 增益舍宅 自令土地 無量歡喜 擁護子母 得大安樂 利益眷屬 或已生下 愼勿殺生 取諸鮮味 供給産母 及 廣聚眷屬 飮酒食肉 歌樂絃管 能令子母不得安樂 何以故 是産難時 有無數惡鬼 及 魍魎精魅 欲食腥血 是我 早令舍宅土地靈祇 荷護子母 使令安樂 而得利益 如是之人 見 安樂故 便合說福 答諸土地 飜爲殺生 聚會眷屬 以是之故 犯殃自受 子母俱損

부처님께서 귀왕을 칭송하셨다.

"그대들이 염라천자와 더불어 중생들을 보호한다니 나도 범왕과 제석에게 그대들을 보호하도록 할 것이니라."

부처님 칭송이 끝나자, 주명귀왕이 부처님께 사뢰었다.

"세존이시여, 저는 염부제에서 중생들의 생사를 주관하고 있사옵니다. 저의 서원은 모든 중생들을 이롭게 하는 것이나, 그들은 제 뜻을 알지 못해 생사가 편안하지 않나이다. 즉, 아이가 태어나기 전에 선행으로 덕을 쌓으면 토지신도 어머니와 아이를 잘 보살피기 때문에 편안할 것이고, 권속들도 이로울 것입니다. 산후에 살생을 금하는 것은 선행의 덕목이옵니다. 그러나 중생들은 산모에게 비린 것을 먹이고, 많은 권속들은 술과 고기를 먹으며 노래를 부르고 풍악을 울리옵니다. 이렇게 하면 산모와 아이가 편안할 수 없사옵니다. 해산 시에는 수많은 악귀들이 비린 피를 먹기 위해 오기 때문입니다. 이것을 알기에 저희들은 가택신과 토지신에게 모자를 안락하게 수호하라고 당부하옵니다. 그렇다면 중생들도 복을 지어 토지신에게 감사해야 할 터인데, 오히려 살생을 하고 잔치를 베풀고 있으니, 이는 스스로 재앙을 불러 산모나 아이에게 해를 끼치는 것이옵니다."

又閻浮提臨命終人 不問善惡 我欲令是命終之人 不落惡道 何況自修善根 增我力故 是 閻浮提行善之人 臨命終時

亦有百千惡毒鬼神 或變作父母 乃至諸眷屬 引接亡人 令落惡道 何況本造惡者 世尊 如是閻浮提男子女人 臨命終時 神識 昏迷 不辨善惡 乃至眼耳 更無見聞 是諸眷屬 當須說大供養 轉讀尊經 念 佛菩薩名號 如是善緣 能令亡者 離諸惡道 諸魔鬼神 悉皆退散 世尊 一切衆生 臨命終時 若得聞一佛名 一菩薩名 或 大乘經典 一句一偈 我觀如是輩人 除五無間 殺生之罪 小小惡業 合墮惡趣者 尋卽解脫

"또한 저는 수명을 마친 중생들에게 선행과 악행을 묻지 않고 악도에서 구제하고자 하옵니다. 그 중생이 생전에 선근을 닦았다면 저에게 큰 힘을 보태 주는 것이 되옵니다. 그러나 염부제에서 선업을 쌓은 사람이라도 명을 마치면, 수많은 악귀들이 부모나 권속의 모습으로 화현하여 죽은 이를 악도로 인도하려는데, 하물며 악한 행을 많이 지었다면 더 이상 말할 것이 있겠사옵니까. 세존이시여, 이같이 염부제 중생들은 임종 시에는 정신이 혼미하여 선악을 구분할 수 없기에 제대로 보고 듣지 못하나이다.

그렇기 때문에 모든 권속들은 불보살님께 염불과 공양을 베풀어야 할 것이옵니다. 후손들이 선공을 쌓으면 망인 조상에게 악도를 여의게 하옵니다. 일체 중생이 임종 시 불보살의 명호를 듣거나 경전, 혹은 게송만 들어도 오무간 살생죄를 저지르지 않았다면 해탈할 것입니다."

佛告主命鬼王 汝 大慈故 能發如是大願 於生死中 護諸衆生 若未來世中 有男子女人 至 生死時 汝 莫退是願 總令解脫 令得安樂 鬼王 白佛 願不有慮 我畢是形 念念擁護 閻浮衆生 生時死時 俱得安樂 但願諸衆生 於生死時 信受我語 無不解脫 獲大利益

부처님께서 주명귀왕에게 말씀하셨다.
"그대의 대자비 서원이 생사를 헤매는 중생들을 제도하고 있구나. 그대는 미래세에도 물러서지 말고 중생들을 모두 해탈시켜 안락하게 하라."
주명귀왕이 부처님께 답하였다.
"세존이시여, 염려하지 마시옵소서. 저는 이 몸이 다하도록 중생들이 태어날 때나 죽을 때나 제도하여 안락하게 하겠사옵니다. 중생들이 저의 말을 믿고 선행하여 모두 해탈하도록 하는 것이 제 소원이옵니다."

爾時 佛告地藏菩薩 是 大鬼王 主壽命者 已曾經 百千生中 作 大鬼王 於生死中 擁護衆生 如是大士 慈悲願故 現大鬼王身 實非鬼也 却後過 一百七十劫 當得成佛 號曰無相如來 劫名 安樂 世界名 淨住 其佛壽命 不可計劫 地藏菩薩 是 大鬼王 其事如是 不可思議 所度天人 亦 不可限量

부처님께서 지장보살에게 말씀하셨다.

"중생의 수명을 맡고 있는 귀왕은 오랜 세월 동안 중생을 옹호하고 있지만, 이는 지장보살의 원력으로 대귀왕의 모습을 보였을 뿐 원래는 귀신이 아니니라. 앞으로 170겁 후에는 성불을 할 것이며, 호는 무상여래, 겁명은 안락, 그 세계의 이름은 정주로서 그 때 부처님은 무량 수명을 누릴 것이니라. 지장보살이여, 대귀왕은 이처럼 불가사의하여 그가 제도하는 중생들의 규모도 한량이 없느니라."

제9품 칭불명호품(稱佛名號品)

爾時 地藏菩薩摩訶薩 白佛言 世尊 我今 爲 未來衆生 演利益事 於生死中 得 大利益 唯願世尊 聽我說之 佛告地藏菩薩 汝今 欲興慈悲 救拔一切罪苦 六道衆生 演不思議事 今正是時 唯當速說 吾卽涅槃 使汝 早畢是願 吾亦無憂 現在未來一切衆生

지장보살이 부처님께 사뢰었다.
"세존이시여, 제가 미래세 중생들에게 도움이 될 일들을 설할까 하옵니다. 허락하여 주시옵소서."
부처님께서 대답하셨다.
"그대가 대자대비의 마음으로 육도 중생들을 구제하고자 불가사의한 방도를 설하고자 한 바, 지금이 적당한 시기이니 설하도록 하라.
나는 이제 열반할 것인 바, 그대의 원이 끝나면 나 또한 모든 중생들에 대해 근심하지 않을 것이니라."

地藏菩薩 白佛言 世尊 過去無量 阿僧祗劫 有佛出世 號 無邊身如來 若有男子女人 聞是佛名暫生恭敬 卽得超越 四十劫 生死重罪 何況塑畵形像 供養讚歎 基人獲福 無量無 邊 又於過去 恒河沙劫 有佛出世 號 寶勝如來 若有男子女人 聞是佛名 一彈指頃 發心歸依 是人 於無上道 永不退轉 又於 過去 有佛出世 號 波頭摩勝如來 若有男子女人 聞是佛名 歷 於耳根 是人 當得千返 生於六欲天中 何況至心稱念 又於過 去不可說不可說阿僧祗劫 有佛出世 號 獅子吼如來 若有男 子女人 聞是佛名 一念歸依 是人 得遇無量諸佛 摩頂受記

지장보살이 부처님께 사뢰었다.

"세존이시여, 과거 무량 아승기겁에 부처님이 계셨으니, 그가 바로 무변신여래이옵니다. 누구라도 이 부처님의 명호를 듣고 공경심을 가진다면 40겁 생의 중죄를 벗어나게 되는데, 부처님상을 그려 공양하고 찬탄한다면 그의 복은 한량이 없을 것이옵니다.

또한, 오랜 옛날 부처님이 계셨으니 보승여래이옵니다. 누구라도 이 부처님의 명호를 듣고 귀의하면 위없는 진리의 자리에 들어서게 될 것이옵니다.

또한, 먼 과거에 부처님이 계셨으니 파두마승여래이옵니다. 누구라도 이 부처님의 명호를 듣기만 해도 공덕은 천 번에 걸쳐 육욕천에 태어나게 하는데, 정성으로 부처님을 생각하고 염불한다면 공덕은 무량할 것입니다.

　또 이루 말로 할 수 없는 과거에 부처님이 계셨으니 사자후여래입니다. 누구라도 이 부처님께 귀의한다면 셀 수 없는 많은 부처님으로부터 마정수기를 받을 것이옵니다."

　又於過去 有佛出世 號 拘留孫佛 若有男子女人 聞是佛名 至心瞻禮 或復讚歎 是人 於賢劫千佛會中 爲大梵王 得授上記 又於過去 有佛出世 號 毗婆尸佛 若有男子女人 聞是佛名 永佛墮於惡道 常生人天 受勝妙樂 又於過去無量無數恒河沙劫 有佛出世 號 多寶如來 若有男子女人 聞是佛名 畢竟不墮惡道 常在天上 受勝妙樂

"과거에 또 부처님께서 세상에 오셨으니 구류손불이시옵니다. 누구라도 이 부처님 명호를 듣고 정성을 다해 예배하면 현겁 천불의 회중에서 대범왕이라는 최고의 수기를 받게 되나이다.

　또 과거세 부처님이 계셨으니 비바시불이시옵니다. 만약 누구라도 이 부처님의 명호를 들으면 악도에 떨어지지 않고 영원히 인간계나 천상계에서 태어나는 복락을 받나이다.

　또 과거 무량 세월 전에 부처님이 오셨으니 다보여래이옵니다. 누구라도 이 부처님의 명호를 듣는다면 악도를 여의고 항상 천상의 낙을 누리게 되옵니다."

又於過去 有佛出世 號 寶相如來 若有男子女人 聞是佛名 生 恭敬心 是人 不久 得 阿羅漢果 又於過去無量阿僧祇劫 有佛出世 號 袈裟幢如來 若有男子女人 聞是佛名 超一百大劫生死之罪 又於過去 有佛出世 號 大通山王如來 若有男子女人 聞是佛名者 是人 得遇恒河沙佛 廣爲說法 必成菩提 又於過去 有 淨月佛 山王佛 知勝佛 淨名王佛 知成就佛 無上佛 妙聲佛 滿月佛 月面佛 有 如是等 不可說佛世尊 現在未來一切衆生 若天若人 若男若女 但 念得 一佛名號 功德無量 何況多名 是衆生等 生時死時 自得大利 終不墮惡道

"또 과거 부처님이 계셨으니 보상여래이옵니다. 누구라도 이 부처님의 명호를 듣고 공경심을 갖는다면 곧 아라한과를 얻을 것입니다.

또 무량 아승기겁 전에 부처님이 오셨으니 가사당여래이옵니다. 누구라도 이 부처님의 명호를 듣는다면 일백 대겁의 나고 죽는 죄를 소멸하나이다.

또 과거에 부처님이 세상에 오셨으니 대통산왕여래이옵니다. 누구라도 이 부처님의 명호를 들으면 무량의 부처님을 만나 설법을 듣고 보리를 이루게 되나이다.

또 과거 정월불, 산왕불, 지승불, 정명왕불, 지성취불, 무상불, 묘성불, 만월불, 월면불 등 수많은 부처님들이 계셨습니다.

　세존이시여, 수많은 부처님들 중 단 한 분의 명호만 생각해도 중생들의 공덕은 한량없나이다. 그런데 한 분이 아니라 많은 부처님들의 명호를 생각하는 중생이라면 그 공덕은 얼마나 크겠나이까! 이처럼 간절한 마음으로 부처님의 명호를 듣는다면, 태어날 때나 죽을 때 절대 악도에 떨어지지 않사옵니다."

　若有臨命終人 家中眷屬 乃至一人 爲是病人 高聲 念一佛名 是 命終人 除 五無間大罪 餘業報等 悉得消滅 是五無間大罪 雖至極重 動經億劫 了不得出 承斯臨命終時 他人 爲基稱念佛名 於是罪重 亦漸消滅 何況衆生 自稱自念 獲福無量 滅 無量罪

　"만약 주변이나 이웃에 임종을 앞둔 환자를 위해 집안 권속이나, 어느 누구라도 한 부처님의 명호를 높은 소리로 염불한다면 그가 오무간 대죄만 저지르지 않았다면 모든 죄업을 소멸하나이다. 오무간 대죄는 매우 중하여 무량 세월이 지나도 죄업을 소멸하기는 어렵지만, 다른 사람이 그를 위해 부처님을 염불해 준다면 중죄는 점차 소멸되는 것이옵니다. 하물며 환자가 직접 부처님 명호를 염불한다면, 중죄는 소멸되고 헤아릴 수 없는 복덕을 누릴 것이옵니다."

제10품 교량보시공덕품(校量布施功德品)

爾時 地藏菩薩摩訶薩 承佛威神 從座而起 胡跪合掌 白佛言 世尊 我觀 業道衆生 校量布施 有輕有重 有一生受福 有十生受福 有 百生千生 受 大福利者 是事云何 唯願世尊 爲我說之 爾時 佛告地藏菩薩 吾今於 忉利天宮一切衆會 說閻浮提 布施校量 功德輕重 汝當諦聽 吾爲汝說 地藏 白佛 我疑是事 願樂欲聞

지장보살이 부처님께 무릎 꿇고 합장한 후 사뢰었다.

"세존이시여, 중생들의 보시공덕을 보면, 가벼운 것과 무거운 것이 있사옵니다. 그런데 어떤 사람은 한 생 동안 복을 받고, 또 어떤 사람은 열 생 동안 복을 누리며, 또 어떤 사람은 백 생 천 생 동안 큰 복덕을 받습니다. 어찌하여 이런 차이가 생기는지 말씀해 주옵소서."

부처님께서 대답하셨다.

"내 이제 도리천궁에서 염부제 보시공덕의 가볍고 무거움에 대해 설명할 것이니 자세히 들으라."

지장보살이 부처님께 사뢰었다. "말씀해 주옵소서."

佛告地藏菩薩 南閻浮提 有諸國王 宰輔大臣 大長者 大刹利 大婆羅門等 若遇最下貧窮 乃至癃殘喑啞聾癡無目 如是種種不完具者 是大國王等 欲布施時 若能具 大慈悲 下心含笑 親手遍布 或 使人施 軟言慰喩 是 國王等 所獲福利 如布施 百恒河沙佛 功德之利 何以故 緣是國王等 於是最貧賤輩 及 不完具者 發 大慈悲心 是故 福利有如此報 百千生中 常得七寶具足 何況衣食受用

부처님께서 지장보살에게 말씀하셨다.

"국왕, 재상, 대신, 장자, 찰제리, 바라문이 천하고 가난한 중생이나 척추장애인, 농아, 청각장애자를 만났을 때, 대자대비의 마음으로 미소를 짓고, 부드러운 말로 위로한다면 부처님께 큰 보시를 한 공덕과 다름이 없느니라. 귀한 이가 천한 중생들과 불구자들에게 자비심을 베푼 것이니, 그 공덕이야말로 무량 세월 칠보가 구족함을 얻게 할 것이니라. 하물며 입고 먹는 것을 걱정할 일이 있겠느냐."

復次地藏 若未來世 有諸國王 至婆羅門等 遇 佛塔寺 或佛形象 乃至菩薩聲聞 辟支等像 躬自營辦 供養布施 是國王等 當得三劫 爲帝釋身 受 勝妙樂 若能以此 布施福利 廻向法界 是 大國王等 於 十劫中 常爲大梵天王 復次地藏 若未來世 有諸國王 至 婆羅門等 遇 先佛塔廟 或至經像 毀壞破落

乃能發心修補 是 國王等 或自營辦 或勸他人 乃至百千人等
布施結緣 是 國王等 百千生中 常爲轉輪王身 如是他人 同
布施者 百千生中 常爲 小國王身 更能於塔廟前 發 廻向心
如是國王 乃及諸人 盡成佛道 以此果報 無量無邊

"지장보살이여, 국왕이나 바라문이 부처님 탑과 절, 부처
님상, 보살상, 성문상, 벽지불상에 공양, 보시를 한다면 제
석천으로 태어나 3겁 동안 복락을 누릴 것이니라. 또 보시
로 누리게 되는 복덕을 다른 중생에게 회향을 한다면 10겁
동안 대범천왕의 지위를 누리고, 손상된 부도탑, 경전, 불
상을 보수하거나 직접 운영하거나 타인에게 권한다면 무량
세월 전륜성왕이 될 것이니라. 보시에 참여한 여타 중생들
은 미래세 백천의 생 동안 작은 나라의 국왕이 될 것이고,
부도탑 앞에서 회향을 한다면 불도를 성취할 것이니라."

  復次地藏 未來世中 有諸國王 及 婆羅門等 見諸老病 及
生産婦女 若一念間 具 大慈心 布施醫藥 飮食臥具 使令安
樂 如是福利 最不思議 一百劫中 常爲淨居天主 二百劫中
常爲六欲天主 畢竟成佛 永不墮惡道 乃至百千生中 耳不聞
苦聲 復次地藏 若未來世中 有諸國王 及 婆羅門等 能作如
是布施 獲福無量 更能廻向 不問多小 畢竟成佛 何況釋梵
轉輪之報 是故 地藏 普勸衆生 當如是學

"지장보살이여, 국왕이나 바라문이 늙고 병든 사람이나 출산하는 여성을 보고 약이나 음식으로 보호해 준다면, 100겁 동안 정거천의 임금이 되고, 200겁 동안 육욕천의 임금이 되어 악도의 몸을 받지 않으리라. 그리하여 백천의 삶을 살면서도 아름다운 소리만 들을 것이며 마침내 성불하리라.

지장보살이여, 미래세 국왕과 바라문이 이 같은 보시를 행한다면 무량의 복을 얻을 것이요, 이를 다시 회향한다면 많고 적음을 불문하고 성불하거늘, 제석이나 범천이나 전륜왕 정도의 과보로 그치겠느냐! 그대는 중생들에게 이 같은 이치를 전하고 널리 배우게 하라."

復次地藏 未來世中 若 善男子善女人 於 佛法中 種小善根 毛髮沙塵許 所受福利 不可爲有 復次地藏 未來世中 若有善男子善女人 遇佛形象 菩薩形象 辟支佛形象 轉輪王形象 布施供養 得福無量 常在人天 受 勝妙樂 若能廻向法界 是人福利 不可爲有

"지장보살이여, 또한 누구라도 먼지만큼이라도 불법(佛法)의 선근을 심는다면 누리게 되는 복덕은 이루 말할 수 없느니라.

부처님의 존상, 보살, 벽지불, 전륜성왕의 존상에 보시를 해도 무량의 복을 얻고 항상 천인으로 태어나는 복덕을 누릴 것이요, 이 복을 다른 사람을 위해 회향한다면 그 후에 받게 되는 복락은 어떤 것과도 비유할 수 없느니라."

復次地藏 未來世中 若有善男子善女人 遇 大乘經典 或 聽聞一偈一句 發 殷重心 讚歎恭敬 布施供養 是人 獲 大果報 無量無邊 若能廻向法界 其福 不可爲有 復次地藏 若 未來世中 有 善男子善女人 遇佛塔寺 大乘經典 新者 布施供養 瞻禮讚歎 恭敬合掌 若遇故者 或毁壞者 修補營理 或獨發心 或勸他人 同共發心 如是等輩 三十生中 常爲諸小國王 檀越之人 常爲輪王 還以善法 敎化諸小國王

"지장보살이여, 누구라도 대승경전의 한 게송, 한 구절을 들었다고 하자. 이 때 흔들림 없이 찬탄하고 보시하고 공양한다면 무량 과보를 얻고, 복덕을 회향한다면 비할 수 없는 복덕을 받으리라.

부도탑, 대승경전을 만나면 공양, 찬탄하고, 허물어지고 부서진 것은 보수하여 고치도록 하여라. 이를 지심으로 실천하거나 다른 중생들에게 권하여 함께 행한다면 30생 동안 작은 나라를 다스리는 왕이 될 것이고, 보시의 마음으로 회향한다면 전륜성왕이 되어 수많은 국왕을 이끄는 귀한 몸이 될 것이니라."

復次地藏 未來世中 若有 善男子善女人 於 佛法中 所種 善根 或 布施供養 或 修補塔寺 或 裝理經典 乃至 一毛一塵 一沙一諦 如是善事 但能廻向法界 是人功德 百千生中 受 上妙樂 如但廻向自家眷屬 或 自身利益 如是之果 卽 三生樂 一得萬報 是故 地藏 布施因緣 其事如是

"지장보살이여, 누구라도 불법의 선근에 따라 보시, 공양하며 탑과 사찰을 보수하고 경전을 수지하되, 그 선근을 한 티끌만큼이라도 회향한다면 백천 생 중 최고의 복락을 얻을 것이니라.

그러나 자신의 집안만 챙기거나 개인의 이익을 중심으로 회향한다면 백천 생 중에서 삼 생의 복락만 받게 되느니라.

보시의 큰 가치는 나 개인을 위한 것이 아니라 중생제도를 위한 회향에 있느니라."

제11품 지신호법품(地神護法品)

爾時 堅牢地神 白佛言 世尊 我從昔來 瞻仰頂禮無量菩薩 摩訶薩 皆是大 不可思議 神通智慧 廣度衆生 是 地藏菩薩 摩訶薩 於諸菩薩 誓願 深重 世尊 是 地藏菩薩 於 閻浮提 有 大因緣 如 文殊普賢觀音彌勒 亦化百千身形 度於六道 基願 常有畢竟 是 地藏菩薩 敎化六道 一切衆生 所發誓願 劫數 如 千百億恒河沙 世尊 我觀 未來及現在衆生 於 所住 處 於 南方淸潔之地 以土石竹木 作基龕室 是中 能塑畵 乃 至金銀銅鐵 作地藏形像 燒香供養 瞻禮讚歎 是人居處 卽 得十種利益 何等 爲十 一者 土地豊穰 二者 家宅永安 三者 先亡生天 四者 現存益壽 五者 求者遂意 六者 無 水火災 七者 虛耗辟除 八者 杜絶惡夢 九者 出入神護 十者 多遇聖 因 世尊 未來世中 及 現在衆生 若能於 所住處方面 作 如 是供養 得 如是利益

그 때 견뢰지신이 부처님께 사뢰었다.

"세존이시여, 저는 예로부터 무량 보살들을 공경해 왔는데, 모두 한 분같이 불가사의한 신통력과 지혜로 중생들을 제도하셨사오나, 지장보살은 더욱 깊은 서원이 있었나이다. 세존이시여, 지장보살은 염부제와 깊은 연을 맺고 있습니다. 문수, 보현, 관음, 미륵보살도 수없는 화현으로 육도 중생을 제도하지만, 지장보살의 서원은 그 겁의 수가 무량수와 같사옵니다.

　중생들이 사는 거처의 남방에 집을 지어 지장보살상을 모시거나 금, 은 등의 상으로 조성하여 찬탄하면 열 가지의 복덕을 얻나이다.

　　첫째, 풍년이 들어 먹을 것을 걱정하지 않고
　　둘째, 집안이 편안하고
　　셋째, 조상들이 천상에서 태어나고
　　넷째, 가족의 수명이 길고
　　다섯째, 구하는 것을 얻고
　　여섯째, 화재, 수재를 막고
　　일곱째, 어지럽고 헛되는 일이 없어지고
　　여덟째, 나쁜 꿈을 꾸지 않고
　　아홉째, 출입 시에는 선신이 보호하고
　　열째, 성스런 인연을 많이 만나는 것입니다.
　세존이시여, 중생들이 공양을 쌓으면 이 같은 복락을 누리나이다."

堅牢地神 復白佛言 世尊 未來世中 若有 善男子善女人 於 所住處 見此經典 及 菩薩像 是人 更能轉讀經典 供養菩薩 我常日夜 以 本神力 衛護是人 乃至水火盜賊 大橫小橫 一切惡事 悉皆消滅

견뢰지신이 부처님께 다시 사뢰었다.
"세존이시여, 누구라도 항상 경전을 수지 독송하고 보살을 공양한다면 저는 그를 호위할 것입니다. 또한, 그에게 닥치는 수재와 화재를 막고 도적 등 일체의 악한 일들을 소멸시켜 줄 것입니다."

佛告地神 堅牢 汝 大神力 諸神 少及 何以故 閻浮土 悉蒙汝護 乃至草木沙石 稻麻竹葦 穀米寶貝 從地而有 皆因汝力 又當稱揚 地藏菩薩利益之事 汝之功德 及以神通 百千倍於 常分地神 若未來世中 有 善男子善女人 供養菩薩 及 轉讀是經 但依地藏本願經 一事修行者 汝以本神力 而擁護之 勿令一切災害 及 不如意事 輒聞於耳 何況令受 非但汝獨護是人 亦有 釋梵眷屬 諸天眷屬 擁護是人 何故 得 如是 聖賢 擁護 皆由瞻禮地藏形象 及 轉讀是 本願經故 自然畢竟 出離苦海 證 涅槃樂 以是之故 得 大擁護

부처님께서 견뢰지신에게 말씀하셨다.

"그대의 큰 신력은 다른 신들도 헤아리기 어렵다. 염부제의 토지는 모두 그대가 지키고 있도다. 풀, 나무, 모래, 돌, 곡식과 보배 모두가 잘 유지되는 것은 그대의 힘 덕분이다. 더구나 지장보살을 찬탄하는 공덕은 다른 신들보다 백천 배가 많으니라. 미래세에 누구라도 지장보살께 공양하고 경전을 믿고 독송하면서 한 가지라도 행한다면 그대는 큰 신통력으로 그를 보호할 것이거늘, 어찌 재앙을 받도록 그냥 두겠는가.

다만, 명심할 것은 그대만이 이 사람을 보호하는 것이 아니라 제석과 범천과 하늘의 모든 권속들도 함께 보호할 것이니라. 많은 성현들의 보호를 받는 것은 지장보살을 우러러 찬양하고 지극한 마음으로 경전을 독송한 공덕이니라. 고해를 건너 열반의 즐거움을 얻을 것이니라."

제12품 견문이익품(見聞利益品)

爾時 世尊 從 頂門上 放 百千萬億 大毫相光 所謂白毫相光 大白毫相光 瑞毫相光 大瑞毫相光 玉毫相光 大玉毫相光 紫毫相光 大紫毫相光 靑毫相光 大靑毫相光 碧毫相光 大碧毫相光 紅毫相光 大紅毫相光 綠毫相光 大綠毫相光 金毫相光 大金毫相光 慶雲毫相光 大慶雲毫相光 千輪毫光 大千輪毫光 寶輪毫光 大寶輪毫光 日輪毫光 大日輪毫光 月輪毫光 大月輪毫光 宮殿毫光 大宮殿毫光 海雲毫光 大海雲毫光 於 頂門上 放 如是等毫相光已 出微妙音 告諸大衆 天龍八部人非人等 聽吾今日 於忉利天宮 稱揚讚歎地藏菩薩 於 人天中 利益等事 不思議事 超聖因事 證十地事 畢竟不退 阿耨多羅三藐三菩提事

그 때 세존께서는 백천만억의 큰 빛을 발하시니, 그것은 흰빛과 매우 흰빛, 기쁨의 빛과 매우 큰 기쁨의 빛, 구슬빛과 매우 큰 구슬빛, 자줏빛과 매우 진한 자줏빛, 파란빛과 진한 파란빛, 푸른빛과 매우 짙은 푸른빛, 붉은빛과 매우 검붉은 빛, 초록빛과 매우 진한 초록빛, 황금빛과 매우 밝은 황금빛, 행운의 구름빛과 매우 상서로운 구름빛, 1천 가지 수레바퀴 같은 빛과 매우 큰 수레바퀴와 같은 빛, 보배 수레바퀴 같은 빛과 매우 큰 보배 수레바퀴 같은 빛, 해와 같은 빛과 매우 밝은 해와 같은 빛, 달빛과 매우 밝은 달빛, 궁전 같은 빛과 매우 큰 궁전 같은 빛, 바다 위 구름과 같은 빛과 매우 큰 바다의 구름 같은 빛을 발하면서 거룩한 음성으로 모든 중생들에게 말씀하셨다.

"들으라, 나는 도리천궁에서 지장보살이 모든 중생을 구제하는 불가사의한 거룩한 일과, 십지 보살행을 증득한 일, 보리심(깨달음)에서 물러나지 않는 공덕을 높이 찬탄하리라."

說 是語時 會中 有 一菩薩摩訶薩 名 觀世音 從座而起 胡跪合掌 白佛言 世尊 是 地藏菩薩摩訶薩 具 大慈悲 憐愍罪苦衆生 於 千萬億世界 化千萬億身 所有功德 及不思議威神之力 我已聞世尊 與 十方無量諸佛 異口同音 讚歎地藏菩薩 云何使過去現在未來諸佛 說其功德 猶不能盡 向者又蒙世尊 普告大衆 欲稱揚地藏利益等事 唯願世尊 爲 現在未來一切衆生 稱揚地藏不思議事 令天龍八部 瞻禮獲福

이 때 관세음보살이 자리에서 일어나 무릎을 꿇고 합장한 후 부처님께 사뢰었다.

"세존이시여, 저는 대자비 지장보살이 중생들을 불쌍히 여기시서 천만억의 세계만큼 화현하심, 그리고 공덕과 위신력에 대해 잘 알고 있습니다. 그런데 무슨 연고로 과거 현재 미래의 무량 부처님들이 지장보살 공덕을 찬탄해도 다하지 못하나이까? 세존께서는 그 전에도 대중들에게 지장보살의 공덕을 칭찬하셨나이다. 바라옵건대 일체 중생들에게 지장보살의 무량 공덕을 찬탄하시어 모두가 우러러 예배하고 복을 받도록 해 주시옵소서."

佛告觀世音菩薩 汝於娑婆世界 有 大因緣 若天若龍 若男若女 若神若鬼 乃至六道罪苦衆生 聞汝名者 見汝形者 戀慕汝者 讚歎汝者 是諸衆生 悉於無上道 必不退轉 常生人天 具受妙樂 因果將熟 遇佛授記 汝今 具 大慈悲 憐愍衆生 及 天龍八部 欲聽吾 宣說地藏菩薩不思議利益之事 汝當諦聽 吾今說之 觀世音 言 唯然世尊 願樂欲聞

부처님께서 관세음보살에게 말씀하셨다.
"그대는 사바세계 육도 중생들과 인연이 있노라. 그런 까닭에 중생들이 그대의 이름을 듣거나 물러서지 않고 찬탄한다면, 그들은 천상이나 인간으로 태어나는 복락을 받고 인연이 다하면 부처님의 수기를 받을 것이니라. 그대가 대자대비의 마음으로 육도 중생들을 가엾이 여겨 지장보살의 공덕을 듣고자 하니 말해 주겠노라. 잘 듣도록 하라."

관세음보살이 답하였다.

"세존이시여, 행복한 마음으로 듣겠나이다."

佛告觀世音菩薩 未來現在諸世界中 有天人 受天福盡 有五衰相 現 或有墮於惡道之者 如是天人 若男若女 當現相時 或見地藏菩薩形像 或聞地藏菩薩名 一瞻一禮 是諸天人 轉增天福 受大快樂 永不歷三惡道報 何況見聞菩薩 以諸香火衣服飮食 寶貝瓔珞 布施供養 所獲功德福利 無量無邊

부처님께서 말씀하셨다.

"관세음보살이여, 어느 시간을 불문하고 천복을 받아도 기운이 다하면 다섯 가지 쇠퇴하는 모양을 보이느니라. 또한 악도에 떨어져도 지장보살상을 보거나 명호를 듣고 단 한 번 절만 해도 천복이 더해져 복락을 얻게 되며, 삼악도로 떨어지는 업보를 받지 않느니라. 하물며 지장보살상에 육법공양을 하는 공덕이라면 더 이상 말할 필요가 있겠느냐. 그렇게 쌓은 복과 공덕은 한량없느니라."

復次觀世音 若 未來現在諸世界中 六道衆生 臨命終時 得聞地藏菩薩名 一聲 歷耳根者 是諸衆生 永不歷 三惡道苦 何況臨命終時 父母眷屬 將是 命終人 舍宅財物 寶貝衣

服 塑畵地藏形像 或使病人未終之時 或眼見耳聞 知道眷屬
將 舍宅寶貝等 爲其自身 塑畵地藏菩薩形像 是人 若是業
報 合受重病者 承斯功德 尋卽除愈 壽命 增益 是人 若是業
報命盡 應有一切罪障業障 合墮惡趣者 承斯功德 命終之後
卽生人天 受 勝妙樂 一切罪障 悉皆消滅

"관세음보살이여, 누구라도 수명이 다했을 때, 지장보살 명호를 듣게 하여 귀에 스치게만 해도 삼악도의 고초를 당하지 않게 되느니라. 더구나 임종 시 부모와 권속이 목숨을 마치는 중생의 재산으로 지장보살상을 조성하여 죽기 전에 보고 듣게 한다면 중병을 앓는 환자는 병이 낫고, 수명까지 연장될 것이니라. 죄업으로 악도에 떨어져야 하는 중생이라도 공덕으로 인해 죄업이 소멸되고 인간이나 천상에 태어나는 복덕을 누리리라."

復次觀世音菩薩 若 未來世 有 男子女人 或 乳哺時 或 三
歲五歲 十歲已下 亡失父母 乃及亡失兄弟姉妹 是人 年旣長
大 思憶父母 及諸眷屬 不知落在何趣 生何世界 生何天中
是人 若能塑畵地藏菩薩形像 乃至聞名 一瞻一禮 一日至七
日 莫退初心 聞名見形 瞻禮供養 是人眷屬 假因業故 墮惡
趣者 計當劫數 承斯男女兄弟姉妹 塑畵地藏形像 瞻禮功德
尋卽解脫 生 人天中 受 勝妙樂 是人眷屬 如有福力 已生人

天 受 勝妙樂者 卽 承斯功德 轉增聖因 受 無量樂 是人 更
能三七日中 一心瞻禮地藏菩薩形像 念其名字 滿於萬遍 當
得菩薩 現無邊身 具告是人 眷屬生界 或於夢中 菩薩 現 大
神力 親領是人 於諸世界 見諸眷屬 更能每日 念 菩薩名千
遍 至于千日 是人 當得菩薩 遣所在土地鬼神 終身衛護 現
時 衣食 豊溢 無諸疾苦 乃至橫事 不入其門 何況及身 是人
畢竟 得菩薩 摩頂授記

"관세음보살이여, 어린 나이에 부모와 형제자매를 저세상으로 보내고, 성장 후 부모와 권속이 어디에 태어났는지 모르거든 지장보살상을 조성한 후 명호를 부르고 하루에서 7일까지 한결같은 마음으로 예배하고 공양을 올려라. 그러면 부모형제가 무량 세월을 악취(惡趣)에 떨어졌더라도 그 공덕으로 해탈하여 인간이나 하늘에서 태어나는 복락을 누릴 것이다. 이미 인간이나 천상에 태어났다면 무량의 복락을 얻을 것이니라. 21일간 지심으로 지장보살상에 예배하고 명호를 만 번 생각하면, 보살이 화현하여 부모형제가 태어난 곳을 알려주거나, 보살의 위신력으로 꿈속에서 권속들을 보게 할 것이니라.

또 보살의 명호를 매일 천 번씩 천 일간 염송하면 평생 토지신이 돌보게 하고, 어떠한 질병이나 불행 없이 풍족하게 살 것이며, 그 후에는 마정수기를 받을 것이니라."

復次觀世音菩薩 若未來世 有 善男子善女人 欲發廣大慈心 救度一切衆生者 欲修無上菩提者 欲 出離三界者 是諸人等 見地藏形像 及 聞名者 至心歸依 或以香華衣服 寶貝飮食 供養瞻禮 是 善男女等 所願 速成 永無障碍

"관세음보살이여, 누구라도 대자대비의 마음으로 모든 중생을 제도하고자 노력하거나 보리심을 닦고, 삼계해탈을 서원하고, 지장보살상을 보거나 명호를 듣고 향, 꽃, 음식으로 공양을 올린다면 발원이 성취되고 어떠한 장애도 오지 않으리라."

復次觀世音 若 未來世 有善男子善女人 欲求 現在未來 百千萬億等願 百千萬億等事 但當 歸依瞻禮 供養讚歎地藏菩薩形像 如是所願所求 悉皆成就 復願地藏菩薩 具 大慈悲 永 擁護我 是人 於眠夢中 卽得菩薩 摩頂授記

"관세음보살이여, 만약 백천만억 가지 소원이나 일들을 이루고자 한다면, 지장보살께 귀의하라. 소원하는 것과 구하는 것을 모두 성취할 것이니라.
또한, 영원히 지장보살이 지켜주기를 바란다면 지장보살이 꿈속에서 마정수기를 내리리라."

復次觀世音菩薩 若 未來世 善男子善女人 於 大乘經典 深生珍重 發 不思議心 欲讀浴誦 慾遇明師 敎示令熟 旋讀 旋忘 動經年月 不能讀誦 是善男女等 有 夙業障 未得消除 故 於 大乘經典 無 讀誦聲 如是之人 聞 地藏菩薩名 見 地藏菩薩像 具以本心 恭敬陳白 更以香花衣服飮食 一切玩具 供養菩薩 以 淨水一盞 經 一日一夜 安 菩薩前然後 合掌請 服 廻首向南 臨 入口詩 至心鄭重 服水卽畢 愼 五辛酒食 邪淫妄語 及諸殺生 一七日 或 三七日 是 善男子善女人 於 睡夢中 具見地藏菩薩 現 無邊身 於 是人處 授灌頂水 其人 夢覺 卽獲聰明 應是經典 一歷耳根 卽當永記 更不忘失 一句一偈

"관세음보살이여, 대승경전을 공경하고 훌륭한 스승의 가르침을 받는데도 경전이 잘 기억되지 않는다면, 과거의 업장이 방해하기 때문이니라. 그럴 때는 지장보살 명호를 들으면서 지장보살상에 향, 꽃, 음식을 올리고 하루 동안 청정수 한 그릇을 올린 후 경건하게 음식을 먹고 청정수를 마시도록 하라. 그 후 오신채를 삼가고, 불살생, 불망어, 불사음을 7일이나 21일간 실천한다면 꿈속에 지장보살이 나타나 관정수를 줄 것이다. 꿈을 깨면 더할 나위 없는 지혜를 얻어 한 번 듣는 경전과 게송은 잊지 않으리라."

復次觀世音菩薩 若 未來世 有諸人等 衣食 不足 求者乖
願 或多疾病 或多凶衰 家宅不安 眷屬分散 或諸橫事 多來
忤身 睡夢之間 多有驚怖 如是人等 聞 地藏名 見 地藏形
至心恭敬 念滿萬遍 是諸 不如意事 漸漸消滅 卽得安樂 衣
食豐溢 乃至睡夢中 悉皆安樂

"관세음보살이여, 누구라도 먹고 입는 것을 구하는데 원
대로 안 되거나 병이 잦고, 흉한 일이 많아 집안이 평안하
지 않고 권속들마저 뿔뿔이 흩어진다고 하자. 또, 나쁜 일
이 늘고 꿈에서 놀라는 일이 많다면 지장보살 명호를 듣거
나 지장보살상을 보고 만 번을 염한다면 나쁜 일들은 사라
지고 의식이 풍족해지면서 꿈자리가 편안할 것이니라."

　復次觀世音菩薩 若 未來世 有 善男子善女人 或因治生
或因公私 或因生死 或因急事 入山林中 過渡河海 乃及大
水 或經驗道 是人 先當念 地藏菩薩名萬遍 所過土地鬼神
衛護 行住座臥 永保安樂 乃至逢於 虎狼獅子 一切毒害 不
能損之 佛告觀世音菩薩 是地藏菩薩 於 閻浮提 有 大因緣
若說 於諸衆生 見聞利益等事 百千劫中 設不能盡 是故 觀
世音 汝以神力 流布是經 令娑婆世界衆生 百千萬劫 永受
安樂

"관세음보살이여, 누구라도 부득이한 일이 생겨 깊은 산으로 들어가거나, 강이나 바다를 건너야 하거나, 험한 길을 가야 한다면, 지장보살 명호를 1만 회 염불하라. 지나가는 길목마다 토지신이 호위하여 편안함을 얻을 것이다. 또한, 호랑이나 늑대, 사자 등 사나운 짐승도 결코 해치지 않으리라. 관세음보살이여, 염부제와 인연이 깊은 지장보살의 위신력에 대해서는 무량 세월을 말하여도 다하지 못하느니라. 그대는 중생들에게 지장경의 위신력을 널리 알려 사바세계가 안락하도록 하라."

爾時世尊 而說偈言
吾觀地藏威神力 恒河沙劫說難盡
見聞瞻禮一念間 利益人天無量事
若男若女若龍神 報盡應當墮惡道
至心歸依大士身 壽命轉增除罪障
少失父母恩愛者 未知魂神在何趣
兄弟姉妹及諸親 生長以來皆不識
或塑或畵大士身 悲戀瞻禮不暫捨
三七日中念其名 菩薩當現無邊體
示其眷屬所生界 縱墮惡趣尋出離
若能不退是初心 卽獲摩頂授聖記
欲修無上菩提者 乃至出離三界苦

是人旣發大悲心 先當瞻禮大士像
一切諸願速成就 永無業障能遮止
有人發心念經典 欲度群迷超彼岸

세존께서 게송으로 말씀하셨다.

"내가 지장보살의 위신력을 살펴보니, 무량 세월 동안 말을 해도 다하지 못한다네. 잠시 생각 중에 공경을 하여도 그 공덕은 한량이 없네. 누구나 쌓은 공덕이 다하면 악도에 떨어지지만, 지장보살께 지심으로 귀의하면 수명은 늘어나고 죄업은 사라지네.

어린 나이에 부모 잃고 형제자매를 잃고, 자라서 그들의 혼신이 어디 있는 줄 모른다면 지장보살상을 그리거나 조성하여 21일을 지성으로 기도하라. 그렇게 한다면 몸을 나투시어 권속의 거처를 알려주고 악도에서 구제하여 마정수기를 부촉한다네.

최고의 깨달음과 괴로움 여의기를 원하면서 대비심을 갖길 서원했다면, 지장보살께 예경하라. 소원은 빨리 이뤄지고 쌓은 업장은 영원히 소멸되리라."

雖立是願不思議 旋讀旋忘多廢失
斯人有業障惑故 於大乘經不能記
以香華衣服飮食 諸玩具供養地藏

以淨水安大士前 一日一夜求服之
發殷重心愼五辛 酒肉邪淫及妄語
三七日內勿殺生 至心思念大士名
卽於夢中見無邊 覺來便得利眼耳
應是經敎歷耳聞 千萬生中永不忘
以是大士不思議 能使斯人獲此慧

"중생들을 피안으로 구제하려고 서원을 세워도, 읽은 경전을 금방 잊어버리면 업장이 작용한 것이니, 지장보살께 향과 꽃을 공양 올리고 청정수를 존상에 올린 후 하루가 지나 마시라. 오신채와 술, 고기를 먹지 말고 사음, 망어, 살생을 하지 말라. 21일간 보살의 명호를 지심으로 생각하면 꿈에서 지장보살을 친견하고 깨어나면 경전이 귓전에만 스쳐도 잊지 않는 지혜를 얻으리라."

貧窮衆生及疾病 家宅凶衰離眷屬
睡夢之中悉不安 求者乖違無稱遂
至心瞻禮地藏像 一切惡事皆消滅
至於夢中盡得安 衣食豊饒鬼神護
欲入山林及渡海 毒惡禽獸及惡人
惡神惡鬼幷惡風 一切諸難諸苦惱
但當瞻禮及供養 地藏菩薩大士像

如是山林大海中 應是諸惡皆消滅
觀音至心廳吾說 地藏無量不思議
百千萬劫說不周 廣宣大士如是力
地藏名字人若聞 乃至見像瞻禮者
香華衣服飲食鳳 供養百千受妙樂
若能以此廻法界 畢竟成佛超生死
是故觀音汝當知 普告恒沙諸國土

"가난한 중생이 질병이 들고, 집안이 쇠망하여 권속들이 흩어지고, 꿈자리 불안하고 원하는 것 못 이뤄도, 지장보살 공경하면 악한 일들 사라지고 선신들이 보호하여 만사가 풍요하네. 험한 산속 짐승이나 바닷바람 몰아치고 갖가지 고통이 몰려와도 지장보살상에 예배하고 공양하면 모든 악이 사라지네.

관세음보살이여, 잘 들으라. 지장보살의 무량 공덕은 이루 말할 수 없으니 그대는 지장의 위신력을 널리 알리도록 하라. 지장보살의 명호를 듣거나 우러러 예배하면서 향, 꽃 공양을 올리면 수승한 복락을 얻으리라. 공덕을 법계로 회향하면 성불하여 생사고해 벗어나리. 관세음보살이여, 그대는 이러한 이치를 널리 알리도록 하라."

제13품 촉루인천품(囑累人天品)

爾時 世尊 擧 金色臂 于摩地藏菩薩摩訶薩頂 而作是言 地藏地藏 汝之神力 不可思議 汝之慈悲 不可思議 汝之智慧 不可思議 汝之辯才 不可思議 正使十方諸佛 讚歎宣說 汝之 不思議事 千萬劫中 不能得盡 地藏 地藏 記吾今日 在忉利天宮 於 百千萬億不可說 不可說 一切諸佛菩薩 天龍八部 大會之中 在以人天諸衆生等 未出三界 在火宅中者 付囑於汝 無令是諸衆生 墮惡趣中 一日一夜 何況更落五無間 及阿鼻地獄 動經千萬億劫 無有出期 地藏 是 南閻浮提衆生 志性 無定 習惡者 多 縱發善心 須庾卽退 若遇惡緣 念念增長 以是之故 吾分是形 百千億 化度 隨其根性 而度脫之

세존께서 금빛 찬란한 팔을 펼쳐 지장보살의 이마를 어루만지면서 말씀하셨다.

"지장보살이여, 그대의 신력은 불가사의하도다. 그대의 자비와 지혜, 설법하는 재능은 엄청나도다. 시방세계 모든 부처님께 지장의 공덕을 천만 겁 동안 찬탄하게 하여도 다하지 못할 것이니라. 지장보살이여, 도리천궁 백천만억의 불보살들과 천룡팔부가 모인 이 자리에서 다시 부탁하노라. 삼계화택에서 벗어나지 못한 중생들을 하루빨리 구제하라. 하물며 오무간지옥과 아비지옥에 떨어져 무량 세월이 흘러도 벗어나기 힘든 중생이 있어서야 되겠느냐. 중생들은 선보다는 악을 익힌 자들이 많고, 좋은 마음이 있어도 바로 돌변하며, 어쩌다 악한 인연을 만나면 악은 더 늘어나느니라. 이런 이유가 있어 나는 근성에 따라 화현하여 교화, 제도하면서 해탈시키느니라."

地藏 吾今 慇懃 以天人衆 付囑於汝 未來之世 若有天人 及 善男子善女人 於佛法中 鍾 小善根 一毛一塵 一沙一啼 汝以道力 擁護是人 漸修無上 勿令退失 復次地藏 未來世中 若天若人 隨業報應 落在惡趣 臨墮趣中 或至門首 是諸衆生 若能念得一佛名 一菩薩名 一句一偈 大乘經典 是諸衆生 汝以神力 方便救拔 於 是人所 現 無邊身 爲碎地獄 遣令生天 受 勝妙樂 爾時世尊 而說偈言

　現在未來天人衆 吾今慇懃付囑汝
　以大神通方便度 勿令墮在諸惡趣

"지장보살이여, 그대에게 간곡하게 부탁하니 누구라도 아주 작은 선근이라도 쌓았다면 그를 잘 보살펴 물러남이 없는 경지에 이르도록 하라. 악업으로 지옥의 문 앞에 떨어져도 부처, 보살의 명호를 염불하거나 한 구절의 경전이라도 생각하는 중생이라면 방편을 다해 구제하고 지옥을 부숴 하늘에 태어나도록 하라."

세존께서 게송으로 말씀하셨다.

"나 그대에게 모든 중생들을 부탁하니, 무량의 신통력과 방편으로 악도에서 구제하라."

爾時 地藏菩薩摩訶薩 胡跪合掌 白佛言 世尊 唯願世尊 不以爲慮 未來世中 若有善男子善女人 於佛法中 一念恭敬 我亦百千方便 度脫是人 於 生死中 速得解脫 何況聞諸善事 念念修行 自然於無上道 永不退轉

무릎을 꿇은 지장보살이 합장 후 부처님께 사뢰었다.

"세존이시여, 염려하지 마시옵소서. 누구라도 불법의 공경심을 보인다면, 백천의 방편으로 제도하여 해탈을 얻게 할 것이옵니다. 착한 공덕을 쌓는 중생에게는 그 마음이 물러나지 않게 하겠나이다."

說是語時 會中 有 一菩薩 名 虛空藏 白佛言 世尊 我自至 忉利 聞於如來 讚歎地藏菩薩 威神勢力 不可思議 未來世中 若有 善男子善女人 乃及一切天龍 聞此經典 及地藏名

字 或 瞻禮形像 得 幾種福利 唯願世尊 爲 未來現在一切衆
等 畧而說之

허공장보살이 부처님께 사뢰었다.
"지금까지 불가사의한 지장보살의 위신력에 대해 찬탄하는 말씀을 들었나이다. 세존이시여, 경전과 지장보살을 우러러 예배한다면 어느 정도의 복덕이 있나이까? 말씀해 주시옵소서."

佛告虛空藏菩薩 諦聽諦聽 吾當爲汝 分別說之 若未來世
有 善男子善女人 見 地藏形像 及聞此經 乃至讀誦 香華飮
食 衣服珍寶 布施供養 讚歎瞻禮 得 二十八種利益 一者 天
龍護念 二者 善果日增 三者 集聖上因 四者 菩提不退 五
者 衣食豊足 六者 疾疫不臨 七者 離 水火災 八者 無 盜賊
厄 九者 人見欽敬 十者 鬼神助持 十一者 女轉男身 十二
者 爲王臣女 十三者 端正相好 十四者 多生天上 十五者 或
爲帝王 十六者 宿智命通 十七者 有救皆從 十八者 眷屬歡
樂 十九者 諸橫消滅） 二十者 業道永除 二十一者 去處盡通
二十二者 夜夢安樂 二十三者 先亡離苦 二十四者 宿福受生
二十五者 諸聖讚歎 二十六者 聰明利根 二十七者 饒慈愍心
二十八者 畢竟成佛

부처님께서 말씀하셨다.

"자세하게 설명할 것이니 잘 들으라. 누구라도 지장보살상에서 경전을 독송하고 향, 꽃으로 공양을 올리고 찬탄하면 스물여덟 가지의 복덕을 누릴 것이니라.

첫째, 하늘과 용이 지켜주고

둘째, 날마다 선과(善果)가 더해지고

셋째, 높은 성현의 씨앗이 모이고

넷째, 깨달음의 정진에서 물러섬이 없고

다섯째, 의식이 넉넉하고

여섯째, 질병이 없고

일곱째, 물과 불의 재앙을 피하고

여덟째, 도적 피해를 받지 않고

아홉째, 다른 사람들이 공경하고

열째, 귀신이 도움주고

열한째, 여자가 남자의 몸을 서원하면 남자로 태어나고

열두째, 여자로 태어난다면 왕이나 대신의 딸로 태어나고

열셋째, 외모가 단정하고

열넷째, 천상에 태어나고

열다섯째, 제왕으로 태어나고

열여섯째, 숙명을 보는 지혜가 있고

열일곱째, 구하는 것은 이뤄지고

열여덟째, 권속들이 기뻐하고

열아홉째, 모든 횡액이 소멸하고

스무째, 악업에서 벗어나고

스물한째, 가는 곳마다 막힘이 없고

스물두째, 꿈이 편안하고

스물셋째, 돌아가신 조상들이 고통이 없고

스물넷째, 복덕을 받아 다시 태어나고

스물다섯째, 모든 성현의 찬탄을 받고

스물여섯째, 총명과 근기가 뛰어나고

스물일곱째, 대자비의 마음을 갖고

스물여덟째, 성불할 것이니라.

復次虛空藏菩薩 若 現在未來 天龍鬼神 聞地藏菩薩名號 禮地藏菩薩形象 或聞地藏菩薩 本願等事 修行讚歎瞻禮 得 七種利益 一者 速超聖地 二者 惡業消滅 三者 諸佛護臨 四者 菩提不退 五者 增長本力 六者 宿命皆通 七者 畢竟成佛

"허공장보살이여, 누구나 지장보살 명호를 듣거나 지장보살상에 예불을 드리거나, 지장보살의 원력이 무엇인가를 알기 위해 수행하면 일곱 가지 복덕을 얻느니라.

첫째, 성인현의 위치에 빨리 오르고

둘째, 모든 악업이 소멸되고

셋째, 시방세계 모든 부처님들이 보호해 주고

넷째, 정각지(正覺智)에서 물러서지 않고

다섯째, 본원력이 증장되고

여섯째, 숙명통을 얻고

일곱째, 성불을 할 것이니라.

爾時 十方一切諸來不可說不可說一切諸佛 及大菩薩 天龍八部 聞 釋迦牟尼佛 稱揚讚歎地藏菩薩大威神力 不可思議 歎 未曾有 是時忉利天 雨 無量香華 天衣珠瓔 供養釋迦牟尼佛 及 地藏菩薩已 一切衆會 俱復瞻禮 合掌而退

시방세계에서 모인 무량 부처님과 대보살, 천룡팔부들은 지장보살의 위신력을 듣고 모두 감탄하였다. 그 때 도리천궁에는 향기로운 꽃비가 내려 부처님과 지장보살께 공양을 올리니 법회에 참석했던 모두가 합장 예배한 후 물러갔다.

志邦 新譯

大願本尊 地藏寶經

제3장

불교란 무엇인가

불교의 의미

　불교(佛敎)라는 종교를 제대로 알기 위해서는 두 글자가 내포 및 외연하는 의미를 이해할 필요가 있다. 불교의 사전적 의미는 석가모니 부처님을 시조로 그가 45년이라는 생애 동안 대중들을 위해 설한 가르침을 계승 발전시키는 종교이다. 그런 점에서 불교는 석가모니 부처님의 교법(釋敎)과 부처가 되기 위해 닦아야 하는 수행이라는 실천적 의미를 동시에 갖고 있다.
　먼저 불(佛)에 대해 알아보자. 불(佛) 혹은 불타(佛陀)는 남다른 수행을 통해 삼라만상의 진리와 본성을 깨달아 번뇌와 망상을 초월한 상태로 붓다(Buddha)의 또 다른 표현이다. 불타(佛陀)는 깨달은(覺性) 사람을 의미하는 산스크리트어(Sanskrit)와 팔리어(Pali)에 뿌리를 둔다. 인도의 아리아어 일종인 산스크리트어는 고대표준어로, 중국에서는 범어(梵語)로 표기한다. 팔리어는 기원전 2세기 인도 중부지역에서 많이 사용했고, 오늘날에도 스리랑카나 캄보디아를 비롯한 동남아 일부 국가에서 흔적을 찾아볼 수 있다.

석가모니의 본명인 고타마 싯다르타(Gotama Siddhrtha)가 2500년이 지난 지금까지 인류의 성자로 추앙 받는 것은, 진리의 깨달음뿐만 아니라 깨달음의 가치를 자리이타(自利利他)라는 실천적 수행과정을 통해 승화시켰기 때문이다. 깨달음을 얻자 사람들은 고타마 싯다르타, 혹은 고타마 싯다르타 태자라고 부르지 않고 깨달은 성인이라는 의미의 붓다(buddha)라고 불렀다. 궁극적으로 붓다는 석가모니 부처님, 진리를 깨달은 사람, 삼라만상의 본성과 이치, 참모습을 증득하여 번뇌 망상을 소멸(寂滅)한 각자(覺者)의 통칭이다.

그럼 교(敎)에는 어떤 의미가 있을까?

교(敎)는 석가모니 부처님께서 진리를 깨달은 후 심오한 내용을 45년간 알려주고 설법한 법체(法體)이다. 석가모니 부처님은 '모든 사람들은 태어날 때부터 태생적 덕성과 지혜를 갖추고 있으나, 탐진치(貪瞋痴)라는 삼독심(三毒心)으로 빛을 발하지 못하고 있다'는 것을 안타깝게 생각했다. 석가모니께서 "내가 중생들에게 해줄 수 있는 것은 삼라만상의 진리를 그들에게 깨우쳐 주는 일밖에 없다"고 언급한 대목에서 자리이타의 진면목을 엿볼 수 있다. 석가모니는 아무리 훌륭한 진리라도 듣는 사람의 나이와 성격, 품성, 건강, 깨우침의 정도에 가장 적합한 방법으로 전달하기 위해 노력했다. 그것이 바로 방편(方便)이다.

방편은 어떻게 사용하느냐에 따라 여러 의미로 해석된다.

먼저, 방(方)은 방법, 편(便)은 편리함이라는 의미로 중생마다 차이가 있는 성격과 능력이다. 이를 기류근성(機類根性), 혹은 기류근기(機類根機)라고 하는데 부합하는 방법을 적절하게 활용하고 이용하는 것이다. 또한, 방이라는 말은 방정한 이치를, 편은 교묘(적절)하다는 의미로 중생들의 성향과 근기에 맞춰 방정한 이치를 수준에 맞는 언어로 전달하는 것이다. 전달하고 교화하는 방법을 찾고 연구하는 일이 교화편법이다.

묘법연화경의 방편품을 보면, 설법은 누구를 대상으로 하는지, 장소는 어디이며, 분위기는 어떤지에 따라 수많은 방편이 필요하다. 방편을 중시하는 의미에서 보리살타 실천수행의 여섯 가지 덕목인 육바라밀(六波羅蜜)과 함께 방편바라밀이 전해지기도 한다. 중생의 근기에 맞게 교화함으로써 골고루 복되게 한다는 방편보리(方便菩提)를 통해 또 다른 깊이를 알 수 있다.

둘째, 삼문(三門)의 하나로 방(方)은 정직을, 편(便)은 중생을 불쌍히 여겨 사익은 버리면서, 공(空)사상 위에 자비행(慈悲行)을 추구하는 것이다. 새가 잘 날기 위해서는 좌우 날개의 적절한 균형이 필요하듯 공과 자비행 역시 여조양익(如鳥兩翼)과 같은 균형이 중요하다. 여조양익은 원효스님의 발심수행장 '행지구비 여거이륜(行智具備 如車二

輪) 자리이타 여조양익(自利利他 如鳥兩翼)'에 나오는 말로 지혜에 실천을 갖추는 것은 수레의 두 바퀴처럼 원만하고, 나와 남을 함께 이롭게 하는 것은 균형을 잘 맞춘 새의 날개와 같다는 의미가 있다.

셋째, 진리에 도달하기 위해 닦아야 하는 가행정진(加行精進)이다. 불교의 경우 어떤 종파에서는 올바른 수행에 들어가기 전 갖춰야 하는 마음으로 경계할 것, 버릴 것, 조절할 것, 행할 것(25방편)을 제시한다. 스스로의 능력개발 노력을 통해 깨달음 성취를 위해 갖춰야 하는 수행이다. 그렇다고 특정 형식이나 방법으로 수행할 것을 고집하는 것으로 이해하면 곤란하다. 자신이 추구하는 수행이 원만하게 이루어질 수 있도록 주변 환경은 물론, 생활 전반에 걸쳐 지켜야 할 최소한의 규율로 이해하는 것이 바람직하다. 그런 점에서 25방편은 수행에 들어가기 전 본수행을 무난하게 이루기 위해 거쳐야 하는 예비적 자기성찰 수행으로 참으로 수승한 논리를 갖고 있다.

결국 방편은, 교육을 받기 위해서는 초급, 중급, 고급과정이 있는 것처럼 성문(聲聞)의 근기에는 사제법(四諦法)을, 연각의 근기에는 십이인연법(十二因緣法)을, 보살의 근기에는 육바라밀(六波羅密)로 법열(法悅)을 느끼고 불과(佛果)를 증득하도록 수만 가지 비유와 팔만사천 법문을 통한 가르침(敎)이다.

불교는 석가모니께서 깨달은 진리를 중생들에게 알려주고 제도하는 법전(진리)이다. 녹야원 설법을 시점으로 부처님의 45년 생애에 걸쳐 행한 설법은 80세에 대단원의 막을 내린다(기원전 544년). 인도에서 시작된 불교는 많은 세월이 흘러 후한 명제(明帝) 영평(永平) 10년 중국으로 전파되었는데, 중국에서는 붓다를 음역 불타(佛陀)로 표기하였고, 어떤 경우에는 편의상 불(佛)자만 표기하여 불법(佛法)이나 불교라고 하였다. 중국에 처음 창건된 사찰은 허난성 뤄양시(洛阳市) 백마사로 영평 11년(68)에 설립되었다. 중국으로 전파되었던 불교는 300여 년이 지나 고구려 소수림왕 때 우리나라에 들어왔는데, 불타(佛陀)가 부처님으로 번역되어 오늘에 이르고 있다.

　불교가 처음 들어올 당시에는 특정 모양을 갖춘 소상(塑像 : a clay figure or a plastic image) 형식의 불상(佛像)이 많았던 관계로 불상 자체를 부처님으로 믿는 풍조가 생기기도 하였다. 특히 불상을 부처님으로 여겨 복을 주고 수명을 관장하는 신비로운 신으로 믿는 사람들이 확산되면서 기복신앙으로 기울어지게 되었다. 일부 승려들조차 잘못된 분위기를 바로잡기 위해 노력하기보다는 자신이 신비로운 신의 대리인인 것처럼 행동함으로써 폐해가 늘었고, 이는 오늘날까지도 잘못된 종교문화의 뿌리가 되었다.

　불교신앙의 근본은 석가모니의 가르침을 통해 법(진리)을 깨닫는 데 있다. 부처님께서 출가하여 고행의 문턱을 넘어 성불 이후 중생교화에 몸을 바친 것은 심연(深淵)의 대비심(大悲心)이 아니고는 설명할 수 없다. 불교라는 글자의 내면에는 이타교화(利他敎化)라는 석가모니의 생애흔적과 오전오후(悟前悟後)의 일심(一心)이 내재되어 있다.

무엇을 믿을 것인가

　불교를 믿기 때문에, 부처님을 믿기 때문에 절에 다닌다고 말하는 신자들을 구분해 보면, 출가하여 수행하는 승려와, 사회생활을 하면서 수행하는 불자로 나눌 수 있다. 승려는 중 또는 스님으로 부르는데, 중은 인도에서 승가(Samgha, 僧伽)로 불렸기 때문에 한문으로 중(衆)의 음을 원용한 것이다. 그런 점에서 우리나라에서 지칭하는 승려나 스님은 승가의 원래 의미와는 다소의 거리가 있다.
　승가(Samgha)는 단체나 집단으로 승가, 혹은 줄여서 승(僧)으로 음역하고, 의역은 화합중(和合衆), 중(衆)으로 표기할 수 있다. 일정한 목적을 위해 특정인들이 한뜻으로 모인 단체라는 의미이나 시간이 지나면서 출가 수행자들의 교단(敎團)을 상징하는 것으로 변용되었다. 즉, 승가는 출가를 하여 수행하는 남자(비구)와 여자(비구니), 출가를 하지 않고 수행하는 남자신자(우바새), 여성신자(우바이)가 주축으로, 이들을 사부대중으로 통칭했으나 세월이 흐르면서 출가 수행자 단체를 특정하게 되었다. 출가를 하지 않고 득도한 수행자로는 유마경(維摩經)의 주인공인 유마대사와 승만경(勝鬘經)의 주인공인 승만부인을 대표적으로 들 수 있다.

불교학계에서는 석가모니께서 득도 후 녹야원에서 교진여 등 5인의 제자를 위해 행한 설법자리를 승가의 시발점으로 본다. 그런 점에서 석가모니의 첫 설법 초전법륜(初轉法輪)은 불, 법, 승 삼보가 인류에 탄생하는 역사적인 순간이었던 것이다. 승가의 뜻과 달리 스님은 스승님의 의미도 있다. 삼국시대 이후 승려들은 사회지도층이었고, 진리를 가르치는 선생님, 즉 스승의 역할을 했기 때문에 승님, 스승님으로 호칭되다가 스님으로 변화하였다.

그렇다면 석가모니 부처님은 무엇을 남겼기에 우리는 이토록 믿고 따르는 것일까? 석가모니 부처님은 중생에게는 원래 불성이 있고, 지혜와 덕성을 갖추고 있으나 탐욕과 성냄과 어리석음에 싸여 빛을 보지 못하는 것을 안타까워했다. 원래부터 불성이 있다는 석가모니의 말씀은 인간의 본성은 선(善)이라고 주창한 맹자의 성선설(性善說)과도 일맥상통한다. 맹자는, 인간에게는 측은지심(惻隱之心) 수오지심(羞惡之心) 사양지심(辭讓之心) 시비지심(是非之心)이라는 본성이 있고, 인(仁) 의(義) 예(禮) 지(智)가 근원을 이룬다고 하였다. 따라서 번뇌와 망상을 떨쳐버리기 위해 정진하는 것이 승가의 궁극적인 목표이다. 거센 태풍이 불고 파도가 치고 천둥번개가 쳐도 불퇴전의 신심이야말로 성불작조(成佛作祖)의 기본모습인 것이다.

사찰을 세간의 마음을 씻는(洗心) 도량(場)이며 성불작조의 밭(田)이라고 하는 것은 물러서지 않는 확고한 믿음을 바탕으로 한다. 업과 인연으로 윤회를 거듭하는(多生多劫) 자신을 청정한 눈으로 자성하면서 탐진치에 오염된 육신을 참회하여 씻는 마음이다. 화엄경(현수품)에도 '믿음은 도의 근원이며 공덕의 어머니. 이 세상 모든 선행을 북돋워 주네. 의심의 그물 끊고 애착을 뛰어넘어 열반의 큰 길을 열어 보이네(信爲道元功德母 長養一切諸善法 斷除疑網出愛流 開示涅槃無上道)'라고 하지 않았던가.

믿음에 대해 원효대사는 《대승기신론소》를 통해 '그렇다고 걸림 없이 믿는 것'이라고 하였다. 진리(이치)가 있다는 것을 믿고, 수행을 통해 얻을 수 있다는 것을 확신하며, 스스로 닦는다면 무량공덕이 있다는 것을 맡겨 두는 것이다. 믿음이라는 두 글자를 가슴으로 발심한다면, 모든 서원을 발현할 수 있을 뿐만 아니라 셀 수 없는 악도를 벗어나 수승의 도에 이를 수 있다.

그러나 믿음에는 분명한 경계가 있다는 것을 잊어서는 안 된다. 천수천안(千手千眼) 관자재(觀自在)하는 육신통의 부처님께 그저 빌기만 하는 맹신(盲信)은 지혜가 없는 미신에 불과하다. 불법(佛法)은 눈을 감고 믿어서는 안 된다. 두

눈을 부릅뜨고 지혜의 법전(法田)을 구분해서 믿어야 한다. 또한, 부처님의 근기와 성품을 타고난 중생은 누구나 성불의 심성이 있다는 것을 굳게 믿어야 한다. 그 가르침은 인과연기(因果緣起), 공(空)과 무상(無常), 어느 한쪽에도 치우치지 않는 중도(中道)의 삶이다.

어머니 마음처럼 넓은 불법(佛法)

　어머니의 가슴은 손바닥만으로도 충분하게 가릴 정도로 작다. 그러나 가족과 자식을 사랑하는 자비희사(慈悲喜捨)의 마음은 태평양보다 넓고 무엇과 비교해도 우월하다. 불법(佛法)도 마찬가지이다. 망망대해와 같고 끝없는 허공과 같아 광대무량(廣大無量)하다. 팔만대장경이 바로 팔만법문이요, 팔만법문은 무량무변(無量無邊) 부처님의 가르침이다. 불문(佛門)에 처음 들어온 사람들은 무엇부터 해야 할지 잘 모른다. 부모님을 따라 법당을 찾아 예불을 하고 있으면 '이게 부처님을 믿는 불교인가'라는 회의감이 들기도 한다. 법화경을 설하는 법회에서는 법화경이 진경(眞經)이라 하고, 화엄경을 설하는 법회에서는 화엄경이야말로 최고의 경전이라고 하며, 금강경을 수지 독송하는 승가에서는 금강경이야말로 수승경전(殊勝經典)이라고 강조하는 것을 듣노라면 마음은 더욱 혼란스럽다.

　염불도 마찬가지이다. 어느 보살은 반야심경을 권하고, 어느 스님은 신묘장구대다라니를 권하는가 하면, 어느 절에서는 지장경, 또 어느 사찰에서는 유마경과 승만경이야말로 진리의 법전이라고 강조한다. 뿐만 아니다. '경전은 왜

읽느냐, 참선만 열심히 하라'는 말을 듣기도 하고, '참선은 필요 없다. 나무아미타불만 염불하면 극락왕생한다'는 말까지 들으면 불교에 입문하여 가졌던 초발환희심(初發歡喜心)에 조금씩 금이 가고, 귀를 열 때마다 믿음보다는 의심의 싹이 움트기 시작한다.

그렇다면 평생 참선을 했거나, 경전에 빠졌거나, 염불수행을 했다는 법사나 스님, 청신사, 청신녀 중에서 열반삼매에 든 사례는 얼마나 될까? 결론부터 말하면 30년, 40년, 50년, 평생 동안 수행했더라도 사무량심이 없고, 정견(正見)과 정사(正思)가 부족하다면 불가능하다. 특히 염불과 참선의 가치덕목인 타인을 이롭게 하는 실천수행(行動)이 배제된 수행은 의미가 없다. 반선반행(半禪半行), 반경반행(半經半行), 반념반행(半念半行)은 수승한 깨달음으로 가는 핵심이다.

출가 수행자이면서 마음과 행동이 따로 놀고, 한 주먹도 들어가지 못하는 '입속의 경전'은 누에고치 속의 애벌레가 혼자 세상 다 가진 것으로 착각하는 것과 다를 바 없다. 부처님 가르침의 발현지 불전(佛田)은 청정도량이다. 뜻도 청정하려니와 사찰과 법당 등 모든 시설은 깨끗하게 유지되어야 한다. 도량청정 무하예(道場淸淨 無瑕穢) 삼보천룡 강차지(三寶天龍 降此地)는 이론수행이 아니라 실천의 중요성을 강조한 말이다. 그런 점에서 법전에서 사주관상으로 재물을 탐하고, 수행자가 청소를 하면 체면이 떨어지기 때문에 법당과 화장실 청소는 신자들이 해야 한다는 일부 승려들의 잘못된 생각은 석가모니의 가르침과 불교를 타락시키는 행위이다. 특히, 불교에 입문한 불자에게 특정 방법만 고집하도록 권하는 것은 바람직하지 않다. 염불이든 참선이든 천수경 지송이든 각자의 근기와 신심에 따라 선택하고, 상황 변화에 따라 보완하도록 해야 한다.

견성성불(見性成佛)의 길은 결코 쉽지 않다. 그러나 난공불락(難攻不落)은 아니다. 살을 바늘로 찌르거나 손톱으로 꼬집으면 누구나 아픔을 느낀다. 나이가 많다고 통증이 덜하고, 나이가 어리다고 더 아픈 것은 아니다. 직시하는 정견(定見)이 초발심시변정각(初發心是變正覺)이다. 갔던 길이라도 잘못되었다는 것을 알면 바로 바꾸는 마음이 중요한 것이지, 지나온 세월을 아까워하며 붙들고 있다면 무슨 소용이 있을까? 숫자상 수행 기간으로 믿음의 정도나 가치를 판단할 수는 없다. 당나라 선승이자 선종(禪宗)의 육조인 혜능스님은 학문과는 거리가 멀었고, 글자까지 몰랐으나 경륜과 학문을 뛰어넘어 수많은 수행자를 제치고 가장 먼저 깨달음을 얻었다.

깨달음을 얻는다는 것은 무량 아승기겁(無量阿僧祇劫)이 지나도 어렵지만 영산회상(靈山會相)의 염화미소(拈華微笑)도 있다.

무상정등각(無上正等覺)의 길

　불교에서 많이 쓰는 말 중 하나인 무상정등각(無上正等覺)은 산스크리트어인 아뇩다라삼먁삼보리(anuttarā-samyak-saṃbodhi)에서 나온 말로 깨달음의 최고 경지와 수준이다. 아뇩다라삼먁삼보리(阿縟多羅三藐三菩提)에서 아뇩다라(anuttarā)는 무상(無上)을, 삼먁(samyak)은 정(正), 혹은 정등(正等)을, 삼보리(saṃbodhi)는 각(覺), 정각(正覺), 변도(遍道), 변지(遍知)의 의미이다. 여기에는 더 없이 바르고 원만하며 누구나 깨달을 수 있다는 평등수혜(平等修慧)의 의미가 내포되어 있다. 선별과정을 통해 특정인만 갈 수 있고 깨달을 수 있다면 무상정등각이 아니다. 무상정각(無上正覺), 무상정변도(無上正遍道), 무상정진도(無上正眞道)는 누구나 갈 수 있고 도달할 수 있는 곳이다. 오탁악세(五濁惡世)를 뛰어넘는 깨달음은 됨됨이의 수승(殊勝) 여부를 관(觀)할 뿐 사람을 구분하지 않는다. 오탁악세는 다섯 가지 더러움이 있는 세상이다. 시대의 혼탁(劫濁), 견해와 사상의 사악(見濁), 탐욕과 성냄과 어리석음(煩

惱濁), 몸과 마음의 깨끗하지 못함(衆生濁), 수명의 짧음(命濁)이 바로 그것이다.

　부처님은 중생들을 예토(穢土)에서 정토(淨土)로 이끌어 준다. 그런 점에서 무상정등각과 보리살타(菩提薩唾)라는 의미를 되새겨 볼 필요가 있다. 보살은 깨우치기 위해 발원을 세운 후 보시, 지계, 인욕 등 육바라밀(六波羅密)을 닦으면서 상구보리 하화중생(上求菩提 下化衆生)으로 정진해야 한다. 보살의 보시, 지계, 인욕 등 육바라밀의 출발점은 욕심을 버리는 하심(下心)을 통해 아뇩다라삼먁삼보리를 향한 수행의 여정이다. 어떠한 조건과 상황에서도 평정심을 잃지 않는 마음으로 스스로를 낮추면서 타인을 높이는 숭고한 자세가 하심이다.

　특히 수행자의 하심은 기본이 되어야 할 덕목이다. 출가한 지 오래되었고, 수십 년을 수행했더라도 탐진치를 끊어내지 않았다면 의미가 반감될 수밖에 없다. 금강경에는 '아상(我相, ātma-saṃjñā)을 벗지 못하면 무상정등각은 십만 팔천 리 밖'이라고 하였다. '십만 팔천 리'라는 말은 거리를 나타내는 의미가 아니라 그 정도의 근기로는 성불이 불가능하다는 것이다. 이와 함께 삼의일발(三衣一鉢)은 수행자의 기본이다. 삼의일발은 출가 수행자에게 허용된 세 종류의 옷과 발우를 말한다. 삼의를 총칭해서 가사라고 하는데, 가사는 속옷인 안타르바사(antarvāwa), 그 위에 입는 우타라산(uttarāsanga, 중간옷), 날씨에 따라 덧입는 삼가티(Samghāti, 겉옷)가 있다. 삼의일발은 소박한 삶을 살아가는 수행자의 참모습이다.

상구보리 하화중생의 보리심(菩提心)은 어느 누가 창조한 것도, 만든 것도 아니다. 스스로 닦고 찾고 노력하면서 발현하는 숭고한 인간애이다. 보리심은 시대에 따라 가치가 변하지 않는다. 삼라만상의 생명체라면 추구해야 하는 길이 아뇩다라삼먁삼보리심이다. 보리심의 증득은 아상(我相), 인상(印相), 중생상(衆生相)을 버리고 누구도 가지 않았던 무한(無限)의 길을 선택하는 진공(眞空)의 심성이 깔려 있어야 가능하다. 관자재(觀自在)의 무한한 힘(眞空)을 믿고 함께 그물(網)을 펼쳐야 한다.

육식, 금해야 하나

누구나 식습관의 절제는 필요하다. 특히 수행자라면 특정 음식만 가려서 먹지 말아야 하고, 미각을 추구해서는 안 된다. 음식을 거론하다 보면 육식을 거론하지 않을 수 없는데, 놀라운 일은 석가모니께서 수행자의 육식에 대해 문제를 삼은 적은 없다는 점이다. 한때 석가모니 부처님의 사촌인 데와닷다(Devadatta, 提婆達多)가 비구가 지켜야 할 다섯 가지를 건의하였다. 즉, 산림거주(마을에서 거주하면 죄), 걸식, 분소의(糞掃衣, 보시한 옷을 입으면 죄), 수하좌(樹下座, 집 안에 거주하는 것은 죄), 육식(어류) 금지가 바로 그것이다. 데와닷다가 석가모니께 기존의 사의법에 육식을 추가하여 다섯 가지 금지를 건의한 것은 엄격하게 계율을 지키자는 것이었다.

그러나 석가모니 부처님은 삼종정육(三種淨肉)을 언급하였다. 자신을 위해 죽이는 모습을 보지 못했고(不見殺), 자신을 위해 죽였다는 말을 듣지 않았으며(不耳殺), 자신 때문에 고의로 죽였다는 의심이 없는(不疑殺) 고기라면 먹어도 된다는 것이다. 석가모니 부처님은 이것을 '깨끗한 고기'라고 하였다. 삼종정육에 두 가지(수명이 다해 죽은 고기, 맹수가 먹다 남긴 고기)를 더하여 오종정육(五種淨肉)으로 확대되기도 했다. 그 후 자신을 위해 죽임을 당하지 않은 고기, 자연사한 지 오래되어 말라붙은 고기, 부지불식(不知不食)한 고기, 이미 죽은 고기 등 구종정육(九種淨肉)으로 개념이 더 넓어졌다.

다만, 모든 고기(생선)를 먹어도 무방하다는 말은 아니다. 팔리율장(Vinaya Pitaka)에 따르면, 석가모니 부처님은 수행자들에게 열 가지의 고기를 금지시켰다. 먼저, 인육(人肉)이다. 인육을 허용하는 것은 동물과 다를 바 없고, 이로 인해 상상할 수 없는 아비규환을 초래하는 것을 경고한 것이다. 코끼리와 말고기도 금지했는데, 당시 시대상황에서 코끼리나 말은 왕(왕권)을 상징하였기 때문으로 해석된다. 개, 사자, 호랑이, 표범, 하이에나, 곰, 뱀고기도 금하였다.

이러한 육식관은 '수행자는 사의법(四依法 : 托鉢, 糞掃衣, 樹下坐, 腐爛藥)에 의존해야 하지만, 지나치게 얽매이는 것도 바람직하지 않다'는 입장을 견지한 것이었다. 전통 사의법에 예외 항목을 둔 석가모니의 가치관은 중도사상(中道思想)에서 비롯되었음은 물론이다. 석가모니께서는 고행이나 쾌락의 극단을 초월한 중도적 수행과 삶을 최상으로 여겼다. 사의법에는 부란약(腐爛藥)이 있는데, 부란약은 사람이나 소의 오줌으로 만든 약이다. 맛이 있으면서도 몸에도 좋은 약을 선호하는 마음에 대한 경계의 의미가 있다.

　많은 불자들도 불교를 믿으면 육식을 금해야 하는 것으로 생각한다. 그러나 고기를 먹지 말아야 한다는 것은 근본 가르침과는 거리가 멀다. 석가모니께서는 육식을 철저히 금하는 채식주의자가 아니었다. 수행에 필요한 최소한의 영양분을 공급하는 수단으로 여겼다. 같은 물이라도 소가 먹으면 우유가 되고, 독사가 먹으면 독이 된다는 말도 있지 않은가. 결국 무엇을 먹느냐는 것은 중요하지 않다. 음식은 건강을 유지하기 위한 수단이지 목적이 아니기 때문이다. 세상사가 마음먹기에 달렸다는 '심생즉 종종법생(心生則 種種法生) 심멸즉 종종법멸(心滅則 種種法滅)'이라는 말을 새길 필요가 있다.

　원효대사도 "한 생각이 일어나니 여러 마음 일어나고, 한 생각 사라지니 여러 마음마저 사라진다. 여래대사 말씀하시되, 인생만사 허상이요 오직 내 마음이로다(心生卽種種心生 心滅卽種種心滅 如來大師云 三界虛僞 唯心所作)"라고 하였다. 식습관 문화는 먼저 불교 내부에서 현실을 인정하는 것이 필요하다. 좀 더 신성하게 보이기 위해 외형적으로는 금한다고 하면서 숨어서 먹거나, 먹다가 들켜 비판을 받는 육식관(肉食觀)은 신앙의 신뢰성에 흠집만 준다.

정법산암(正法山岩)의 가치

절(寺)이면 똑같은 절이라고 생각하는 사람들이 의외로 많다. 그러나 절 표식(卍)이 있다고 모두 불, 법, 승 삼보를 모신 곳이 아니다. 도심빌딩 옆 골목의 절 표식은 상당수가 사주관상 등 점집을 알리는 수단이다. 점이나 굿을 하는 무속인들이 절 표식을 하는 것은 종교적인 믿음을 주는 것으로 '영업상' 도움이 되기 때문이다. 그러나 사주관상이나 점을 보는 미신행위는 무명(無明)의 죄업일 뿐이다. 지장경에도 미신은 무간지옥에 떨어지는 죄업이라고 구체적으로 설명하고 있다. 지장보살의 어머니도 삼보와 불법(佛法)을 비난하고 미신을 믿어 죄업과보를 받았다. 불자들조차도 사찰과 점집을 구분하지 못하는 경우가 많은데, 삼보께 예경하는 불자라면 다음과 같은 몇 가지(正法山岩)를 염두에 둬야 한다.

첫째, 정법을 포교하는 법전이어야 한다. 사찰은 크기와 규모가 선택의 기준이 되지는 않는다. 특정 종단에 소속된 것이 상대적 신뢰성은 있지만, 요즘은 수백 개 종파가 난립

하여 종단소속 여부가 중요한 것도 아니다. 지나치게 세력화된 종단은 수행과 구도의 길보다는 재욕(財慾)과 권력편향의 권승(權僧)이 판을 치기 때문이다. 관상과 사주팔자를 봐 주고 보시 명목으로 이득을 취하거나, 조상이 노했거나 마귀가 씌었다면서 개명(改名)과 엄청난 비용의 천도재를 권하는 곳이라면 정법을 포교하는 사찰이 아니다. 물론, 가족의 이름을 지어 주거나, 이사, 이장(移葬), 경조사 택일을 조건 없이 해 준다면 방편의 선업이다. 일설에 '스님 앞에서 꿈 얘기를 하지 말라'는 말이 있다. 꿈 얘기를 하면 '조상이 화가 났기 때문에 천도재를 지내 진정시켜야 한다'는 일부 잘못된 종교관을 경계하는 말이다.

의식을 집전할 때는 경전을 바탕으로 법공양을 올려야 한다. 장엄하게 보이기 위해 미신과 혼합하여 오색 깃발을 꽂거나 속옷을 태우고 돼지머리, 술을 마련하는 것은 석가모니 불교가 아니다. 특정 의식에 대한 인식전환도 필요하다. 예를 들면, 천도재의 목적은 망자의 한을 풀어주는 것이 아니라, 사바세계의 인연과 망자가 제행무상의 이치를 공감하고 다스리는 데 있다. 이생에서 쌓은 업장은 스님이나 법사가 천도재 한 번으로 소멸할 수 없다. 자신이 지은 업은 누구라도 대신해 줄 수 없기 때문이다. 다만, 법공양을 통한 회향 천도재는 사바세계를 살아가는 이생과 또 다른 삶을 살아가는 영가 모두에게 지혜의 문으로 인도하는 큰 공덕임에는 틀림없다. 법력 높은 법사나 스님이 천도재를 주재해야 하는 이유가 여기에 있다. 법력은 출가한 지 오래되었거나 나이가 많다는 의미가 아니다. 바르게 보는 눈, 깨끗한 마음, 부처님 법에 충실한 정법안장(正法眼藏)의 사무량심이 '높은 법력'의 핵심이다.

　사찰은 신성한 도량이다. 승복을 입는 것이 수행과 부처님 법을 전하는 목적이어야지, 먹고 살기 위한 호구지책의 방편이 되어서는 안 된다. 먹고 입는 것은 부처님 법을 전파하기 위해 불가피한 최소한의 조건이지 잘 먹기 위해 승복으로 육신을 가리는 행위는 곤란하다. 오늘날 법복을 입은 많은 승려들이 사주를 보고 택일을 하면서 경제적 이득을 취하는 점쟁이 수준으로 전락한 것은 한국불교의 가슴 아픈 자화상이자, 개선해야 할 숙제이다. 석가모니께서도 출가 후 선각자라고 자처하는 많은 선인들을 만났다. 그러나 구도의 길이 아니라는 것을 알고 과감하게 박차고 일어나 제행무상의 삼라만상지도(森羅萬象之道)를 스스로 증득했다.

　둘째, 사찰은 가능한 한 산에 있는 곳을 선택해야 한다(도심의 절을 비하하려는 의미가 아니라는 것을 밝혀 둔다). 포교나 경전 공부를 목적으로 마련한 특수공간이 아닌 한, 사찰은 산에 있는 것이 정상이다. 도심에서 수행을 한다는 것은 정육점 간판을 달고 채소를 파는 일보다 더 어렵다.

과거 불교가 박해를 받으면서 많은 사찰이 깊은 산으로 들어가기도 했지만, 그것은 불교를 공격하는 사람들의 비약일 뿐이다.

 우리나라를 대표하는 절은 산에 있고, 고찰일수록 천년바위 위에 자리 잡고 있다. 폭우가 쏟아지고 비바람이 불고, 홍수가 나도 바위에 자리 잡은 사찰은 수천 년을 묵묵히 견딘다. 그런 점에서 유서 깊은 사찰들이 오늘날 전통문화 유적으로 전승되어 온 것은 역사 이상의 의미가 있다. 석가모니 부처님은 부러울 것이 없는 왕자의 자리를 과감하게 버리고 출가하여 보리수 아래에서 깨우치신 분이다. 그만큼 산과 나무는 불교신앙에서 그 이상의 의미가 있다.

 절의 위치 역시 중요하다. 부모님이 평생 불공을 올렸던 절이 어느 날 재개발 계획으로 없어졌거나, 스님이 아프다고 문을 닫았거나, 건물 임대기간에 따라 이리저리 옮겨 다니는 곳이라면 얼마나 황망한 일인가. 더구나 부모님이 돌아가셨을 때 후손들은 생전에 부모님이 다녔던 사찰을 찾아 법공양을 통해 극락왕생을 축원해야 하는데, 언제든지 없어질 수 있다면 선망부모와 관계유지조차 힘들다. 외형상 불상이 있다고 모두 법전(法殿)이요, 절이라고 할 수 없는 큰 이유이다.

 셋째, 승가(僧家)의 화목과 발전을 위해 노력하고 정법포교에 힘쓰는 곳이어야 한다. 승복 차림으로 식당이나 거리, 지하철에서 탁발하는 것은 승려로 위장한 구걸행위이다. 우리나라 불교 종단에서 탁발을 불법으로 규정한 지 오래되었다. 물론, 특별한 불사를 위해 사찰을 공개하면서 탁발을 하는 경우도 있다. 그러나 승복을 입고 이리저리 식당을 기웃거리는 것은 탁발의 고유 가치를 훼손하는 행위이다. 불교신자들 중에서는 '그냥 불쌍해서' 보시를 한다는 사람들도 적지 않다. 하지만 그러한 보시는 덕을 쌓는 일도 아니고 반야바라밀을 행하는 선행도 아니며 무명의 죄업일 뿐이다. 석가모니께서 베푸신 자비심은 무명의 선행이 아니라 지혜의 자비이다.

제법실상(諸法實相)의 견해차

《대지도론(大智度論)》에서는 아뇩다라삼먁삼보리에 대해 오직 부처님의 지혜를, 《정토론(淨土論)》에서는 부처님이 얻는 세상의 이치(법)로 설명한다. 《대지도론》은 대승불교(大乘佛敎) 발생 초기(2~3세기 초)의 용수(龍樹)스님이 저술한 《대품반야경(大品般若經)》의 주석서이다. 일반적으로 석론(釋論), 혹은 대론(大論)으로 부르는데 산스크리트어 원전은 찾아볼 수 없고 구마라집(鳩摩羅什)이 저술한 한역본(漢譯本)이 전해진다. 총 100권 분량이었으나 원서는 한역본의 10배 규모의 방대한 해석서로 알려져 있다. 주석서이지만 대승불교를 설명하는 백과로 광범위한 주제를 다루고 있다. 특히, 원시 불경은 물론 초기 대승경전까지 인용함으로써 불교사를 이해하는 데 빼놓을 수 없는 저서로 평가된다. 중론(中論) 등을 통해 나타난 용수의 사상적 바탕이 공(空)인 데 비해 제법실상(諸法實相)의 측면을 강조하여 보살의 현실적 수행을 중시한다. 우리나라는 물론, 중국의 화엄종(華嚴宗)과 천태종(天台宗)의 사상적 기반을 형성하는 데 영향을 주었다.

용수의 원명은 나가르주나(Nagarjuna), 용수(龍樹)라는 이름은 용(龍)을 뜻하는 나가(산스크리트어, naga)와 나무(樹)를 의미하는 아가르주나(agarjuna)를 한자식으로 표기한 것이다. 우리나라를 포함하여 일본과 중국 등 동북아시아에서는 대부분 용수라고 하며, 용수대사(龍樹大士), 용수보살(龍樹菩薩)로 표현하기도 한다. 일부 논서에서는 용맹(龍猛)으로 표현한 것도 있다.

《정토론(淨土論)》은 무량수경우바제사원생게(無量壽經優婆提舍願生偈) 중심으로 왕생정토론, 무량수경론, 왕생론이라고도 부른다. 5언 96구 게송으로 오념문(五念門)을 통해 오공덕문(五功德門)의 증득을 설명한다.

오념문은 정토에 태어나기 위한 수행으로 아미타불 부처님께 경건의 예의를 강조하는 예배문(禮拜門), 공덕의 수승함을 칭송하는 찬탄문(讚歎門), 간절한 마음으로 정토왕생을 기원하는 작원문(作願門), 깨끗한 마음으로 정토와 아미타불의 모습을 떠올리는 관찰문(觀察門), 수행의 공덕을 중생에게 돌려 함께 아뇩다라삼먁삼보리를 지향하는 회향문(廻向門)이 있다.

무상정등각을 위한 기본조건은 제법실상(諸法實相) 할 줄 아는 근기이다. 실상(實相)은 진여(眞如), 법성(法性)인데, 깨달음의 핵심이며 일여(一如)와 열반(涅槃) 역시 실상과 다를 바 없다. 다만, 제법실상은 종파에 따라 해석에 차이가 있다.

　삼론종(三論宗)에서는 공(空)의 이치(空理)를 나타내는데, 비유비무(非有非無)를 동시에 파(破)하는 것이며, 파하되 집착은 하지 말아야 한다고 강조한다.

　이에 비해 천태종(天台宗)에서는 초중(初重), 차중(次重), 말중(末重) 등 세 가지로 나눠 설명하고 있다. 초중(初重)은 인연으로 맺은 제법인 공(空)을 실상이라고 한다. 차중(次重)은 유(有)와 공(空)을 제법으로 보고 중도제일의제(中道第一義諦)의 이치를 실상이라고 한다. 중도제일의제관(觀)이란 종공입가관(從空入假觀)과 종가입공관(從假入空觀)을 방편으로 중도를 바라본다. 종공입가관이란, 모든 현상은 일시적인 원인이나 인연으로 생겨나며 실상은 존재하지 않는다는 입장으로 가관(假觀)과 큰 차이가 없다.

　이에 비해 종가입공관은 삼라만상의 모든 존재는 조건이 어떠하냐에 따라 생기기 때문에, 고정되어 있는 자성이 공(空)임을 통찰하는 관법이다. 여기에서 말하는 공은 인연소생법(因緣所生法)인 현상을 떠나 개별적으로 존재하는 절대적 의미의 공관(空觀)과는 차이가 있다. 그런 점에서 중도제일의제관은 가(假)의 공을 먼저 관(觀)하니 생사(生死) 자체를 공으로, 그리고 공(空)도 공(空)임을 관하니 궁극적으로 열반을 공으로 설명한 것이다.

마지막으로 말중(末重)은 차별현상 자체를 모두 제법(諸法)으로 보고, 삼제(空, 假, 中)가 원만한 참모습을 실상으로 본다. 일체가 조화를 형성한 상태이다.

 선종(禪宗)의 입장에서 제법실상은 원래의 진면목(眞面目)을, 정토종(淨土宗)은 진여(眞如)를 나타내면서 아미타불 명호(名號)를 실상법으로 본다. 다양한 측면에서 차이가 있지만, 제법실상은 현실적인 측면에서 대승불교의 긍정적인 입장을 보인다는 데 한결같은 공통점이 있다.

보왕삼매론과 보살행

생활 속에서 보살행을 실천하고 독려하는 경전과 논장(論藏)은 매우 많다. 그 중 보왕삼매론(寶王三昧論)은 현실의 어려움을 극복하면서 실천적 방향성을 제시해 주는 대표적인 금언이다.

원저자에 대한 논란도 있는데, 일부 불교학자들은 명말(明末) 고승인 지욱(智旭)으로 소개하고 있으나, 원말(元末)~명초(明初)의 승려 묘협(妙叶)이 원저자로 판단된다. 왜냐하면 《보왕삼매염불직지》 서문에 묘협이 명시되어 있기 때문이다.

보왕삼매론은 총 22편으로 구성된 《보왕삼매염불직지》의 17편 십대애행(十大碍行)에 해당하는 내용이다. 그렇다고 십대애행이 보왕삼매론 자체는 아니다. 상당량을 생략하고 핵심내용 중심으로 요약을 했기 때문이다.

보왕삼매론에서 제시하는 열 가지는 세상을 살아가는 데 필요한 주옥같은 금언이다.

1. 몸에 병 없기를 바라지 말라.
   몸에 병이 없으면 탐욕이 생기기 쉽다.
   (一念身不求無病 身無病則貪欲乃生)

　질병은 아픔이요, 불편함이 아니라 좋은 약으로 삼아야 한다. 과거 경전은 신체를 구성하는 요소로 지수화풍(地水火風)을 꼽았다. 인간의 존재라는 것이 오온(色受相行識)이라는 물질과 정신적 요인이 합쳐서 형성된 존재라는 것이다. 원래부터 존재했던 것이 아니라 특정 인연을 만나 인간의 모양을 갖추고 있음이다. 따라서 인연이 끝나면 사라지기 때문에 신체는 무상(無相)한 것이다. 몸은 유기체이므로 질병에서 자유로울 수 없다. 다만, 병이 왔을 때 아픔에 꺼둘리지 말고 이면의 의미를 관(觀)하는 것이 중요하다. 건강했을 때는 미처 생각하지 못했던 인간사에 대한 사유(思惟)는 반성을 통한 회향의 시발점이기 때문이다.
　가족과 친지와 이웃에 대한 감사, 지난 세월 어떻게 시간을 보냈는지에 대한 성찰, 미흡한 인간관계로 타인의 가슴에 아픔을 준 것은 없었는지, 사회 구성원으로서 얼마나 기여하고 충실했는지 반추하는 시간은 삶을 더욱 성숙되게 한다.
　더구나 생을 마감하는 질병에 들지 않았다면 반추의 시간을 통해 마음의 눈(回向)을 뜨게 된다. 건강할 때 시간을 허송하지 말고, 보다 의미 있게 살아야 한다는 경고에는 병고보다 가치 있는 것이 없다.

유마경에 '중생이 아프기(앓기) 때문에 내가 앓는다'는 말이 있다. 중생의 질병은 업보가 원인이지만, 보살의 병은 자비심의 발현임을 은유한 것이다.

2. 세상을 살아가는데 곤란이 없기를 바라지 말라.
　세상사에 곤란함이 없으면 남을 업신여기는 마음이 생긴다.
　(二處世不求無難 世無難則驕奢必起)

삶의 과정에 나타나는 크고 작은 근심걱정은 인본의 원천이기도 하다. 사바세계(娑婆世界)를 '고해의 바다'라고 하지만, 부정적인 측면만 있는 것은 아니다.

사바(娑婆)는 산스크리트어 Saha에서 유래했는데, 음역으로 색가(索訶), 혹은 사하(沙河)로 표기하며 번역하면 인토(忍土), 감인토(堪忍土)이다. 석가모니 부처님이 섭화의 대상으로 삼는 세계가 바로 사바세계이다.

사바세계에는 탐(貪), 진(瞋), 치(癡)라는 번뇌를 극복하면서 오온(五蘊)으로 연(緣)한 것들을 정견(正見)하는 슬기가 필요하다.

인생사에는 어려운 일들이 예약 없이 몰려오고 쌓여 있

다. 어떤 집안을 봐도 밝은 측면의 이면에는 고민해야 하는 주제가 있기 마련이다. 그러나 세상살이의 어려움이나 곤란함이 없다면 나 이외의 사람들은 이해하지 못할 뿐만 아니라 마음 구석이 사치로 장식되어 더 큰 어려움이 따른다. 근심과 곤란으로 세상을 살아가라는 말이 금과옥조로 빛나는 이유이기도 하다. 걱정과 근심은 귀찮은 존재가 아니다. 삶의 과정이자 풀어야 할 숙제이지만, 딛고 일어섰을 때는 희망을 주는 힘의 원천이다.

3. 공부하는데 편안하기를 바라지 말라.
　마음에 장애가 없으면 불필요한 배움이 넘친다.
　(三究心不求無障 心無障則所學躐等)

　해탈은 장애를 만나야 얻을 수 있다. 보왕삼매론에서 언급하는 공부는 학자나 스님, 신도들이 공부하거나 수행을 의미하는 것이 아니다. 세상을 살아가는 과정에 나타나고 경험하는 배움을 의미한다. 생명이 붙어 있는 한 장애가 전혀 없는 시간이란 있을 수 없다. 사람을 사랑해도 항상성(恒常性)을 유지할 수 없고, 변화의 과정에서 부지불식간 마음의 장애가 동반한다. 세상을 살아가는 과정, 소요되는 시간들은 장애물 경기 같다. 원하는 사업을 시작했더라도 국내외 상황, 거래관계, 조직구성원의 역할 등 다양한 부분에서 조정과 협의가 필요하고 장애가 동반한다. 장애물을 극복한 후 마음의 평정을 찾은 상태, 복잡함 없이 가슴이 넉넉하고 머리가 고요하며 신체가 자유로운 상태, 그 순간이 바로 해탈이다. 따라서 장애는 해탈을 위해 다뤄야 할 소중한 디딤돌이다. 인생에서 장애가 없다면 해탈을 추구해야 할 하등의 가치가 없기 때문이다.

우주에 존재하는 것은 모두 필요로 하는 쓰임이 있듯이, 삶의 과정에서 경험하는 숱한 장애들은 해탈의 문으로 들어가는 길목에 깔려 있다. 긍정의 힘으로 받아들이고 바라보는 눈을 가져야 한다. 번뇌는 보리로, 생사는 열반으로, 고뇌는 환희로 회향할 때만이 장애 속에서 해탈을 얻을 수 있다.

4. 수행하는데 마(魔) 없기를 바라지 말라.
마가 없으면 믿음이 굳건하지 못하다.
(四立行不求無魔 行無魔則誓願不堅)

모든 마군(魔群)은 수행을 바르게 도와주는 벗이다. 마(魔)라는 것은 인생의 지향점을 방해하는 좋지 못한 기운으로, 정진을 하는데 다른 생각이 들거나 귀찮은 마음이 생기는 것도 모두 마가 작용하기 때문이다. 좋은 일이 많이 생기면 마(多魔)도 그만큼 따르고, 도(道)가 높을수록 마의 크기도 비례한다는 도고마성(道高魔盛)은 근신의 가치를 알려준다. 마군을 수행의 벗으로 삼으라는 말은 관념적 유희가 아니라 적극적인 삶의 지혜이다.

5. 계획하는 일이 쉽게 되기를 바라지 말라.
　　일이 순조롭게 풀리면 뜻을 경솔한 곳에 둔다.
　　(五謀事不求易成 事易成則志成輕慢)

수많은 난정(亂程)이 있어야 깊은 성취감을 느낄 수 있다. 공(功)이 들어가지 않고 쉽게 이뤄지는 일은 없다. 주변에서 수시로 알려지는 부실공사도 거쳐야 하는 과정을 무시하고 외형으로 포장했기 때문에 발생한 것이다.

　인생 역시 다를 바가 없다. 참된 삶을 위해서는 면역력을 길러야 하고 삶의 풍파를 극복하는 과정에서 가치 있는 결실을 거둘 수 있다. 씨앗은 땅 속에서 계절 변화에 맞춰야 싹을 틔워 꽃을 피우고 열매를 맺을 수 있다. 봄이 와도 땅 밖에 있는 씨앗은 싹을 틔울 수 없다.

　기량이라는 것도 세월의 풍파만큼 커지고, 풍파는 인생 도량을 감내할 만큼 자질을 갖추게 한다. 마음의 그릇이 작고, 인생도량을 감당할 준비가 되지도 않았는데, 운이 좋아 목표가 쉽게 이루어졌다면 근신해야 한다. 근신하지 않으면 교만이 이슬처럼 내 몸에 내리고 어느 순간 존재의 가치를 상실한다.

6. 나를 이롭게 할 목적으로 친구를 사귀지 말라.
  이익을 생각하면 의리를 잃는다.
   (六交情不求益我 情益我則虧失道義)

친구관계의 인생여정은 순결함이 전제되어야 한다. 친구는 나와 다른 사람이 아니라 또 다른 나이다. 문제는 나의 분신, 또 다른 나라고 생각하지 않을 때 생긴다.

친구들을 보면 그 사람의 됨됨이와 인생의 평균질량을 알 수 있다. 신의와 의리가 없으면 친구관계가 아니다.

부부나 스승, 제자와의 관계도 믿음과 의리, 예의가 없다면 함께 가기 힘들다.

예절은 도리이자 품위이며 성숙한 인간관계로 승화하기 위한 윤활유이다. 친구를 마음으로 사귀지 않으면 머지않아 나에게 번뇌의 방망이가 다가온다. 사귐에 있어 상대를 존중하는 미학은 관계를 두텁게 하는 자양분과 같다.

어느 정도 인생을 살다보면 인간관계는 하나하나 자연스

럽게 정리된다. 장롱 속의 옷처럼 일부러 정리할 필요가 없다. 나름대로 잘 살아 온 인생이라면 원만한 인간상들이 주변을 포진할 것이요, 잘못 살아 온 인생이라면 갈등의 골이 깊은 인간상들이 포진해 있다. 인간관계의 정상화와 회복이야말로 반야의 길로 들어서는 관문이다. 친구를 순결하게 대하는 마음은 궁극적으로 나의 기쁨을 배가시키는 관계의 근본이다.

7. 다른 사람이 나의 뜻에 순응해 주기를 바라지 말라.
   나의 뜻대로 순응해 주면 마음이 교만해진다.
   (七於人不求順適 人順適則內心自矜)

나의 생각과 맞지 않은 사람을 통해 긍정의 원력을 키우고, 그 사람들을 나의 원림(園林)으로 삼아야 한다. 가정이라는 것을 생각해 보면, 아무 걱정이 없으면서 화합만 하는 집은 세상 어디에도 없다. 어떤 가정이든 크고 작은 갈등이 있다. 효자가 있고 불효자도 있다. 효자의 상대적 가치는 불효자가 있음으로써 인정받는다.

예쁜 돌담을 쌓기 위해서는 모양이 같은 돌은 필요 없다. 돌담은 작은 돌, 큰 돌, 납작한 돌, 둥근 돌, 모난 돌, 모두의 개성을 통해 창조적인 모습으로 태어난다.

가정과 사회, 세상사도 다를 바 없다. 개성이 다른 사람들이 모이고 어울려 살아가는 것이 인간사이다. 나의 뜻을 순응해 주지 않더라도 다름을 인정하는 포용을 보인다면 교만은 사라진다.

멀리서 보기 좋은 푸른 산은 크고 작은 나무와 바위, 풀과 이끼, 생물과 무생물이 조화를 이루는 결정체이다. 가정과 사회도 다를 바 없다. 산의 조화를 순응으로 본다면 마음이 상할 이유가 없다.

8. 공덕을 베풀면 대가를 생각하지 말라.
　내가 준 만큼 대가를 바라면 도모(圖謀)하는 마음이 생긴다.
　(八施德不求望報 德望報則意有所圖)

남에게 베푼 선행은 바로 잊거나 헌신짝처럼 버려야 한다. 선행에 과보를 바라면 상처로 자란다. 기도도 마찬가지이다. 기도의 진정한 의미는 기도 그 자체에 있다. 법당에서 삼천배를 했다고, 현실적 과보를 바란다면 기도의 본질을 벗어난 것이다.

무심으로 기도해야 한다. 무심으로 기도하면 어느새 깊고 그윽한 메아리가 눈앞에 와 있다. 가슴 공(空)한 기도의 힘은 무한하다.

9. 이익을 지나치게 바라지 말라.
   이익이 넘치면 어리석은 마음이 생긴다.
   (九見利不求露分 利露分則癡心必動)

작은 이익이 마음의 부자를 만든다. 큰 것은 선이고 작은 것은 악이며 큰 것은 행복하고 작은 것은 불행한 것이 아니다. 크기는 행복의 기준이 아니다.

그런데 오늘날 현실은 어떠한가. 입만 열만 돈타령이고 경제가 어렵다고 말한다. 내면을 따져보면 항상 다른 사람과 비교하는 빈약한 인생관이 문제이다.

마음그릇을 키우기 위해서는 눈앞의 이익에 매달리지 말고 관조할 줄 아는 안목을 길러야 한다. 시시각각 나타나는 모양과 느낌과 변화에 반응하지 말고 전체를 보는 여유를 가져야 한다.

작은 것으로 크게 만족할 줄 아는 소욕지족(少慾知足)은 불성의 근본이다. 만족할 줄 아는 삶은 갈증을 모르고, 만족할 줄 모르는 인생은 평생토록 갈증을 느낀다.

소중한 것을 갖고 있어도 감사할 줄 모르는 무명, 항상 더 큰 것을 향해 달려가는 삶의 여정은 고단하다. 생명줄이 끝나는 시점에서야 느끼면 너무 늦다.

10. 억울함을 당해도 밝히려 하지 말라.
그러한 마음은 원망하는 마음을 생기게 한다.
(十被抑不求申明 抑申明則人我未忘)

억울한 일은 나를 성장시키는 보약이다. 세상을 살다보면 주변 사람들로부터 억울함을 당하는 일이 많다. 그런데 억울하다고 다른 사람을 탓하면 원망이 생긴다. 잠시 억울한 일을 당해도 시간이 지나면 검은 것은 검은 것대로, 흰 것은 흰 것대로 드러난다. 진실은 아무리 감추려고 해도 감출 수가 없다. 시간이 약이라는 말이 있다. 진실은 언젠가는 밝혀진다는 시간의 미학을 믿어야 한다.

志邦 新譯

大願本尊 地藏寶經

부록

용어 설명

● 제1품 ●

* **도리천(忉利天, Trāyastrimśa)** : 욕계(欲界) 육천(六天) 중 제2천으로 도리는 '33'의 음사(音寫)이다. 삼라만상의 핵이자 중심인 수미산(Sumeru) 정상에 있으며 사방의 봉우리마다 8천이 있어 제석천과 함께 삼십삼천이라고 한다.

그런데 '33'은 불교 고유의 표현이나 표식이 아니다. 예를 들면 고대 인도의 종교관과 의례를 다루고 있는 베다(Vedas)를 보면, 삼계에 삼십삼신(神)이 있는 것으로 기록되어 있다. 지장경에 나타나는 도리천은 이 같은 사상적 이데올로기가 불교로 수용되어 또 다른 우주관을 나타낸다.

누구라도 지성으로 발원하고 염불하면 서방정토 극락세계에 갈 수 있다는 대승불교 정토신앙은 도리천 사상을 발판으로 한다.

* **오탁악세(五濁惡世)** : 중생의 세계에서는 피할 수 없는 겁탁, 견탁, 번뇌탁, 중생탁, 수명탁으로 다섯 가지 더러움이 가득 차 있는 세상이다. 탐진치가 가득하면서 혼돈된 요즘 같은 시대상을 나타낸다.

겁탁(劫濁)은 악으로 가득 차 있는 사회로 전쟁과 천재지변, 기아와 질병이 만연해 있는 사회이다.

견탁(見濁)은 좋지 못한 마음을 갖고 있는 사람들이 자신들이 구축한 힘을 통해 좋은 사람들을 밀어내는 세상이다.

번뇌탁(煩惱濁)은 자신의 재산과 물건은 아끼면서도 남의 소유물은 한없이 탐하는 사회이다. 자질과 실력은 없으면서 권세와 명예를 욕심내다가 뜻대로 이루지 못하면 중상모략하는 시대가 바로 그것이다.

중생탁(衆生濁)은 인간들의 자질이 극도로 저하되어 육신이 거짓의 화합체인 줄 모르고 영원을 꾀하는 세상이다.

수명탁(壽命濁)은 수탁(壽濁)이라고도 하는데, 인간의 수명이 점점 짧아지는 사회이다. 불교에서 말하는 과거 최장의 인간수명은 8만 세이다.

* 강강중생(剛强衆生) : 성격이 지나치게 강해 다른 사람들의 말이나 조언을 귀담아 듣지 않는 중생이다. 예사로 남을 무시하며 예의가 결여된 행동으로 남을 불쾌하게 하면서 우쭐거린다. 직역하면 강철처럼 단단한, 겸손과는 거리가 먼 사람이다. 이러한 중생은 스스로 잘못을 참회할 줄 모르기 때문에 나이가 들수록 죄업을 두텁게 한다. 이러한 사람들이 많은 사회는 친화보다 불화가 넘치고 개인과 가정을 불문하고 불화에 빠지는 일이 많다. 결국 그러한 여파는 개인과 가정을 넘어 항상 사회적 불안을 야기한다. 어디를 가나 잘난 체하는 사람이 넘치고, 시비를 따지고 불평을 하는 데 주저하지 않는다. 조금이라도 남에게 뒤지기를 싫어하고 타인의 입장을 배려하는 것에는 인색하다.

 인간사는 생존경쟁이 필요하지만 반드시 경쟁 그 자체만으로 살아가는 것은 아니다. 가장 가치 있는 삶은 재물의 우위가 아니라 참된 인성과 도덕적 자존에 가치를 두는 것이고, 겸손과 양보의 생활화가 근본이 되어야 한다.

* 광명운(光明雲) : 밝은 구름으로 풀이할 수 있으나, 삼라만상을 포용할 수 있는 넓고 밝음이 무한한 기운이다.

* 단바라밀(檀婆羅蜜) : 단바라밀은 보시(布施)를 의미한다. 보시라는 것은 어떠한 이유와 조건 없이 사무량심으로 베풀어 주는 마음이다. 베푸는 영역에는 재보시(財布施), 법보시(法布施), 무외시(無畏施) 등이 있는데, 재보시는 경제적으로 베푸는 마음을, 법보시는 설법이나 서적, 출판 등을 통해 부처님의 말씀을 대중들에게 알려 선근

을 자라게 하는 공덕이다.

　무외시는 시무외(施無畏)라고도 하는데, 두려움에 떨고 있는 중생들에게 불안한 마음을 소멸시켜 주는 것이다. 이러한 보시를 하는 사람을 시무외자라고 부른다. 보통 관세음보살(觀世音菩薩)을 시무외보살로 칭하는 것은 관세음보살은 서른세 가지로 변신하여 중생의 두려움을 보듬어 주기 때문이다. 서른세 가지 변신이라는 것은 무수히 많은 중생들의 근기에 맞게 보문시현(普門示現)한다는 의미이다.

* 시바라밀(尸羅婆羅蜜) : 시(尸)는 계(戒)를 뜻하는 것으로 지계(持戒)를 나타낸다.

* 찬제바라밀(羼提婆羅蜜) : 인욕(忍辱)을 의미한다.

* 비리야바라밀(毗離耶婆羅蜜) : 용맹정진을 의미한다.

* 선바라밀(禪婆羅蜜) : 선(禪)은 선정(禪定)으로 망념과 분별심, 다른 사람들을 불편하게 하는 허영심을 깨끗하게 벗은 지극히 고요한 마음의 상태이다.

* 반야바라밀(般若婆羅蜜) : 삼라만상의 이치를 꿰뚫어보는 다섯 가지 수행(보시, 지계, 인욕, 정진, 선정)이다.

* 자비희사(慈悲喜捨) : 자비희사는 보살이 가져야 하는 네 가지 마음으로 중생들을 구분하지 않는 마음으로(捨) 사랑하고, 어여삐 여기고, 기쁘게 해 주는 자세이다.

* 무루(無漏) : 눈물이 없다는 것은 번뇌에 빠지지 않는 의미이며 열반의 경지이기도 하다.

* 사자후(獅子吼) : 법문을 사자후라고 하는데, 백수의 제왕인 사자의 위엄을 은유한 표현이다.

* 운뢰(雲雷) : 맑고 깨끗한 마음으로 일깨운다는 의미이다.

* 사바세계(娑婆世界) : 사바는 산스크리트어(Saha)에서 유래한 음역으로 사하(沙河)나 색가(索訶)라고 한다. 의역하면 감인토(堪忍土), 혹은 인토(忍土)로 표현된다. 석가모니 부처님께서 교화 제도의 대상으로 삼는 경토(境土)인데, 삼천대천세계가 모두 사바세계이다.

* 도리천궁(忉利天宮) : 제석천이 살고 있는 궁전이다.

* 사천왕천(四天王天) : 우주의 중심인 수미산 중턱에 있는 하늘로 삼계 중에서는 욕계(가장 낮은 하늘)에 해당된다. 동쪽 지국천왕(持國天王), 남쪽 증장천왕(增長天王), 서쪽 광목천왕(廣目天王), 북쪽 다문천왕(多聞天王, 毘沙門天王)이 있으며 이 사천왕들은 도리천의 제석천을 섬긴다.

* 수염마천(須閻魔天) : 음욕이 낮아 포옹 정도면 족한 세계이다. 이곳 하루는 인간 세상의 200년, 신들의 수명은 2천 살로 사람의 나이 기준으로 환산하면 14억 400만 년이다. 야마천의 왕은 불교로 수용된 후 독특한 신앙으로 변화했는데, 이곳의 염마왕은 불교의 지옥세계와 접목되어 지옥의 왕으로 승화하였다.

* 도솔타천(兜忉率陀天) : 도솔천이라고도 부르며, 현재 미륵보살(彌勒菩薩)이 머물러 있는 정토(淨土)이다. 듀스타(Tusita)라는 범어의 음역으로 지족천(知足天)으로 의역되며 오욕이 충족된 곳이다.

* 화락천(化樂天) : 욕계(欲界) 육천(六天) 중에서 다섯 번째로 도솔천보다 한 단계 위에 있다.

* 타화자재천(他化自在天) : 욕계 육천 중 최고인 곳으로 마왕(魔王)이 살고 있다. 타화(他化)라는 것은 남이 조성했다는 의미이고, 자재(自在)는 자득자재(自得自在)함이니 다른 신들의 것도 자유롭게 즐기는 하늘이다.

* 범중천(梵衆天) : 색계(色界) 사선천(四禪天)의 첫 번째 하늘로 사바세계 주인인 대범천왕(大梵天王)이 다스린다. 이곳에 살고 있는 하늘사람의 신장은 반유순(半由旬), 목숨은 반겁(半劫)이다.

* 복생천(福生天) : 색계 십칠천(十七天) 중에서 열한 번째 하늘이다. 그 뒤에는 광과천(廣果天), 무번천(無煩天), 무열천(無熱天), 선현천(善現天), 선견천(善見天), 색구경천(色究竟天)이 있다. 다만, 십칠천에서 대범천을 범보천에 포함하면 십육천, 광과천 위에 무상천(無想天)을 포함하면 십팔천이라고도 부른다.

* 문수보살 : 문수사리(文殊師利), 문수시리(文殊尸利)로도 표현하며 산스크리트어는 만주슈리(Manjushri)이다. 부처님 입멸 후 반야(般若)의 도리를 선양하는 지혜의 상징이다. 손에 칼이나 꽃을 들고 있는 것은 지혜를 상징하며 환희장마니보적불이라고도 부른다.

* 구원(久遠) : 시간적으로 아주 오래되다.

* 무애지(無礙智) : 어떠한 주제나 일도 막힘이 전혀 없는 부처님의 큰 지혜를 말한다.

* 항하사(恒河沙) : 항사진(恒沙塵)이라고도 하는데, 이는 모래의 숫자를 나타내는 것이 아니라 셀 수 없는 무량대수(無量大數)를 의미한다.

* 십지과위(十地果位) : 보살수행 계위(階位)인 52위(位) 중에서 41~50위를 말한다. 부처님의 지혜로 온갖 중생들을 흔들림 없이 교화하는 것이 대지(大地)와 다를 바 없다는 의미이다. 환희지(歡喜地), 이구지(離垢地), 발광지(發光地), 염혜지(焰慧地), 난승지(難勝地), 현전지(現前智), 원행지(遠行智), 부동지(不動地), 선혜지(善慧地), 법운지(法雲地)가 있다.

* 겁(劫) : 산스크리트어 칼파(Kalpa)를 의역한 것이다. 음역 표기는 겁파(劫波), 갈랍파(羯臘波). 시간의 단위로는 계산할 수 없는 무한 세월이다. 대지도(권 5)에서는 개자겁(芥子劫)과 반석겁(磐石劫)의 예로 설명한다. 개자겁은 사방 40리에 겨자씨를 가득 채우고 100년마다 한 알씩 끄집어내어 모두 없어져도 다하지 못하는 세월. 반석겁은 사방 40리 크기의 바위를 100년마다 한 번 얇은 옷으로 스쳐서 닳아 없어져도 다하지 못하는 세월이다.

* 신력(神力) : 부처님의 무애 자재한 여섯 가지의 신통력으로 천안통(天眼通), 천이통(天耳通), 타심통(他心通), 숙명통(宿命通), 누진통(漏盡通), 신족통(神足通)을 말한다.

* 성문(聲聞) : 출가자나 재가자를 막론하고 부처님의 가르침을 통해 수행하는 불제자를 말한다.

* 벽지불(辟支佛) : 독각(獨覺)으로도 쓰는데, 스승의 가르침이나 인도를 받지 않고 스스로 깨달은 성자이다.

* **아승기겁(阿僧祇劫)** : 겁(劫)의 수가 아승기라는 것으로 아승기는 셈으로는 표현할 수 없는 단위이다.

* **각화정자재왕여래(覺華定自在王如來)** : 지장시왕도에서 육환장 윗부분에 그려져 있는 화불로 지장원찬 23불의 첫째이다.

* **무간지옥(無間地獄)** : 아비(阿鼻), 아비지(阿鼻旨, Avici)라는 산스크리트어로, 한 번 떨어지면 쉴 새 없이 괴로움을 받는다고 무간이라고 한다. 삼보를 비방하거나 사찰, 탑을 파괴하는 사람은 반드시 무간지옥에 떨어진다.

* **바라문(婆羅門)** : 정행(淨行), 정지(淨志)로 번역하는데, 인도 사성(四姓)의 하나로 승려계급이다. 서열상 국왕보다 윗자리이며 신(神)의 뜻을 대리로 전달하거나 집행하는 역할을 한다. 현실적으로는 신을 대신하는 권위를 가진다. 출생 후 어릴 때는 부모 밑에 성장하다가 출가, 스승을 모시고 학습(베다)을 하며, 장년이 되면 다시 집으로 돌아와 결혼하여 아이를 낳고 산다. 늙으면 집안을 아들에게 맡기고 다시 출가하여 고행수도를 하면서 시물(施物)로 생활한다.

* **염부제(閻浮提)** : 수미산 남쪽으로 칠금산과 철위산 중간이다. 맛이 짠 바다에 있는 대주(洲)로 남섬부주(南贍部洲)로 표현하기도 한다.

* **칠금산(七金山)** : 수미산 주변 일곱 겹의 산으로 유건타라(由乾陀羅, 지쌍산), 이사다라(伊沙陀羅, 지축산), 카제라가(佉提羅迦, 담목산), 소달리사나(蘇達梨舍那, 선견산), 아사간나(阿沙干那, 마이산), 비나달가(毘那怛迦, 상비산), 니민타라(尼民陀羅, 지지산)이다.

* 철위산(鐵圍山) : 철륜위산(鐵輪圍山), 금강산(金剛山), 금강위산(金剛圍山)이라고도 한다. 지변산(地邊山, 칠금산의 가장 밖에 있는 산으로 持地山의 다른 표현)을 둘러싸고 있다. 세상의 한가운데에는 수미산이 있고, 9개의 산과 8개의 바다가 이 수미산을 둘러싸고 있는데, 이를 구산팔해(九山八海)라 한다. 이 중 가장 바깥쪽에 위치한 산이 철위산인데, 쇠로 만들어졌으며 수많은 지옥이 있다.

* 삼보(三寶) : 세 가지의 귀중한 보배로 불(佛), 법(法), 승(僧). 부처님과 부처님의 가르침, 수행자이다.

● 제2품 ●

* 우바새(優婆塞) : 청신사(淸信士)라고도 하며 출가를 하지 않고 부처님을 신봉하는 남자신도이다. 밀교에서는 색(塞)의 진언(眞言)을 '사'로 발음하는데, 이런 배경에서 일부에서는 우바삭으로 표현하기도 한다.

　우바새의 대표라고 할 수 있는 이로는 유마경(維摩經)의 주인공인 유마거사이다. 유마경은 모든 마음을 반야경에서 강조하는 공(空)에 바탕을 둔 윤회와 열반, 번뇌, 예토(穢土), 정토(淨土) 중심으로 둘 것이 아니라 일상생활을 하면서 해탈의 경지로 나아가는 것이 중요하다는 것을 강조한 경전이다.

* 우바이(優婆夷) : 청신녀(淸信女)나 근선녀(近善女)로 번역하는데, 출가하지 않고 불교를 믿는 여성신도이다.
　우바이는 재가(在家)의 승만부인을 대표적으로 꼽을 수 있다. 부처님 전에서 법을 설하고 부처님이 인가하는 방식으로 펼쳐지는 승만

경은 유마경과 마찬가지로 형식주의 출가에 반대하면서 현실참여를 통한 재가수행이 수승하다는 것을 강조한다.

● 제3품 ●

* 역부여시(亦復如是) : '지금까지 내용과 다름이 없다'고 쓰는 말이다. 반야심경에서 색수상행식(色受想行識)은 무상하기 때문에 이러한 이치를 알아야 한다는 설명에서도 나온다.

* 사대주(四大洲) : 수미산(須彌山)을 중심으로 바다 가운데 위치한 네 개의 대륙. 사천하(四天下)라고도 불리는데, 그 중 한 곳에 인간이 살고 있다. 불교 우주관은 허공에 원반형 풍륜(風輪)이 있고, 그 위에 크기가 작은 수륜(水輪), 또 그 위에 원반형 금륜(金輪)이 있다. 금륜 표면에는 9개의 산과 4대륙, 그 사이에는 각각 바다가 있다. 금륜 표면을 중심으로 중앙에 8만 유순(由旬, 약 56만km) 높이의 수미산이 있으며, 주위를 산맥이 일곱 겹으로 싸고 있는데, 지쌍(持雙), 지축(持軸), 첨목(檐木), 선견(善見), 마이(馬耳), 상이(象耳), 이민달라(尼民達羅)이다. 산맥 중 가장자리인 이민달라산의 외측에 4대륙이 있다.

* 수미산(須彌山) : 금륜 표면에 있으며 동쪽에는 승신주(勝身洲), 남쪽에는 섬부주(贍部洲), 서쪽에는 우화주(牛貨洲), 북쪽에는 구로주(瞿盧洲)가 있다. 금륜의 가장 바깥쪽은 철위산(鐵圍山)이 있다. 동쪽 승신주는 동불바제(東弗婆提)라고 하는데, 몸의 모양이 가장 수승하여 승신(勝身)이라고 한다. 남쪽의 섬부주는 남염부제(南閻浮提)라고도 부른다. 서쪽 우화주는 서구야니(西瞿耶尼)로 표현하며, 소로

물물교환의 기준을 삼는다고 붙은 명칭이다. 북쪽 구로주는 북울단월(北鬱單越)이라고도 하는데, 사주(四洲) 중 국토가 뛰어나 승처(勝處)라고 부른다.

● 제4품 ~ 제5품 ●

* 아일다(阿逸多) : 산스크리트어 아지타(ajita)의 음사로 미륵보살이다. 미륵보살의 성은 자씨(慈氏), 그리고 이름은 아일다이다. 아일다는 최고의 훌륭한 사람이라는 의미로 무능승(無能勝)으로 번역한다. 아일다는 바라문 가문에서 출생, 세존으로부터 미래세 성불할 것을 수기 받는다. 현재 도솔천에서 천인(天人)들을 교화하고 있는데, 석가모니 열반 후 56억 7천만 년이 지나 사바세계에서 중생제도를 서원하였다.

* 오도(五道) : 중생들이 각각의 업에 따라 태어나는 지옥, 아귀, 축생, 인간, 천상의 세계이다.

* 무명(無明) : 영원불변의 진리인 사성제(苦諦, 集諦, 滅諦, 道諦)의 근본을 깨닫지 못한 마음의 상태로 중생들을 의미한다.

* 여래십호(如來十號) : 부처님의 수승함을 표현하는 열 가지 호칭으로 여래(如來), 응공(應供), 정변지(正遍知), 명행족(明行足), 선서(善逝), 세간해(世間解), 무상사(無上士), 조어장부(調御丈夫), 천인사(天人師), 불세존(佛世尊)을 말한다.

* 나한(羅漢) : 모든 번뇌를 여의고 깨달음을 성취하여 중생들의 공양

을 받을 만한 자격과 인품을 갖고 있는 성자. 아라한(阿羅漢, Arhat)이라는 산스크리트어의 줄임말이다. 수행자의 가장 높은 단계이며, 불법을 수호하고 중생구제 임무를 수행한다.

* 상법시대(像法時代) : 석가모니 부처님이 열반한 이후 초기 정법시대는 석가모니 가르침에 따라 수행하면 지혜(깨달음)를 얻을 수 있었다. 그러나 상법시대(像法時代)에는 가르침이 형식화되어 가르침은 있으나 깨우치는 사람이 드물고, 말법시대에는 오직 가르침만 남을 뿐, 수행이나 깨우침도 없다는 의미이다. 석가모니 열반 후 정법 5백년, 상법 1천년, 말법 1만년이라는 말을 많이 한다.

* 사천왕 : 수미산 동서남북에서 도리천의 제왕인 제석천왕을 섬기면서 중생들의 선악을 감시한다. 사찰에서는 도량을 보호하고 악귀 출입을 막는 수문장 역할을 한다.
　지국천왕(持國天王)은 동쪽대륙(승신주)의 천왕으로 건달바와 필사차 두 신을 거느린다.
　증장천왕(增長天王)은 남쪽대륙(섬부주)의 수호신으로 구반다와 페려다 두 신을 거느린다.
　광목천왕(廣目天王)은 서쪽대륙(우화주)의 수호신으로 용과 필사차 두 신을 거느린다.
　다문천왕(多聞天王)은 북쪽대륙(구로주)의 수호신이다. 도량에서 항상 설법을 듣는다는 의미에서 다문천왕이라고 하는데, 야차와 나찰 두 신을 거느린다.

* 극무간(極無間) : 지옥에서 고통 받는 것이 끊임없이 계속된다는 의미이다. 지옥에서 받는 과보가 쉴 새 없음(무간)을 표현한 것이다.

● 제6품 ●

* 당번(幢幡) : 당은 경문을 새긴 돌이나 나무기둥을, 번은 부처님의 위신력을 나타내는 깃발이다. 사찰 내, 혹은 법당의 기둥에 건다.

* 찰제리(刹帝利) : 인도의 사성 가운데서 둘째 계급인 크샤트리아로서 왕, 왕족이며 찰리(刹利)라고도 한다.

* 십재일(十齋日) : 재(齋)는 몸과 마음을 청결하게 한다. 수행삼매, 공양물을 의미한다. 십재일은 한 달 중 10일을 정해 예불을 올리는 날이다. 1일은 정광불재일(正光佛齋日), 8일은 약사불재일(藥師佛齋日), 14일은 현겁천불재일(現劫千佛齋日), 15일은 아미타불재일(阿彌陀佛齋日), 18일은 지장보살재일(地藏菩薩齋日)이다. 또 23일은 대세지보살재일(大勢地菩薩齋日), 24일은 관세음보살재일(觀世音菩薩齋日), 28일은 노사나불재일(盧舍那佛齋日), 29일은 약왕보살재일(藥王菩薩齋日), 30일은 석가모니불재일(釋迦牟尼佛齋日)이다.

● 제8품 ~ 제13품 ●

* 악독귀왕(惡毒鬼王) : 성격이 선한지, 악독한지 알아내는 귀왕.
* 다악귀왕(多惡鬼王) : 여러 방면에서 악한 짓을 했는지, 하지 않았는지 알아내는 귀왕.
* 대쟁귀왕(大爭鬼王) : 큰 싸움에서 판단이 능한 귀왕.
* 백호귀왕(白虎鬼王) : 백호와 같이 날쌘 귀왕.

* 혈호귀왕(血虎鬼王) : 호랑이와 같이 할퀴는 귀왕.
* 적호귀왕(赤虎鬼王) : 불호랑이 귀왕.
* 산앙귀왕(散殃鬼王) : 모든 재앙을 한순간에 흩어버리는 귀왕.
* 비신귀왕(飛身鬼王) : 날아다니는 귀왕.
* 전광귀왕(電光鬼王) : 전깃불과 같이 빠른 귀왕.
* 낭아귀왕(狼牙鬼王) : 이리처럼 손톱이 날카로운 귀왕.
* 천안귀왕(千眼鬼王) : 눈을 천 개 갖고 있는 귀왕.
* 담수귀왕(噉獸鬼王) : 살아 있는 짐승을 한입으로 삼키는 귀왕.
* 부석귀왕(負石鬼王) : 큰 바위를 짊어진 귀왕.
* 주모귀왕(主耗鬼王) : 가는 털처럼 모든 면을 세밀하게 살피는 귀왕.
* 주화귀왕(主禍鬼王) : 화를 담당하는 귀왕.
* 주복귀왕(主福鬼王) : 복을 담당하는 귀왕.
* 주식귀왕(主食鬼王) : 음식을 담당하는 귀왕.
* 주재귀왕(主財鬼王) : 재물을 담당하는 귀왕.
* 주축귀왕(主畜鬼王) : 축생을 담당하는 귀왕.
* 주금귀왕(主禽鬼王) : 새 등 날아다니는 짐승을 담당하는 귀왕.
* 주수귀왕(主獸鬼王) : 땅의 짐승을 담당하는 귀왕.
* 주매귀왕(主魅鬼王) : 귀신들을 담당하는 귀왕.
* 주산귀왕(主産鬼王) : 출산을 담당하는 귀왕.
* 주명귀왕(主命鬼王) : 목숨을 담당하는 귀왕.
* 주질귀왕(主疾鬼王) : 질병을 담당하는 귀왕.
* 주험귀왕(主險鬼王) : 온갖 위험한 일을 담당하는 귀왕.
* 삼목귀왕(三目鬼王) : 눈이 세 개 달린 귀왕.
* 사목귀왕(四目鬼王) : 눈이 네 개 달린 귀왕.
* 오목귀왕(五目鬼王) : 눈이 다섯 개 달린 귀왕.
* 기리실왕(祁利失王) : 염부제 남쪽의 불산에서 많은 부하를 거느린 귀왕.
* 기리차왕(祁利叉王) : 염부제 남쪽의 모양이 흉한 귀왕.
* 아나타왕(阿那吒王) : 여덟 개의 팔을 가진 귀왕.

* **염라천자(閻羅天子)** : 염라대왕으로 명부시왕(冥府十王) 중 다섯 번째 왕이다. 인간이 죽으면 가게 되는 곳이 명부전인데, 그곳의 핵심이 지장보살과 시왕이다.

시왕은 진광왕(秦廣王), 초강왕(初江王), 송제왕(宋帝王), 오관왕(五官王), 염라대왕(閻羅大王), 변성왕(變成王), 태산왕(泰山王), 평등왕(平等王), 도시왕(都市王), 전륜대왕(轉輪大王)을 말한다.

진광왕은 도산지옥(刀山地獄)을 관장하며, 악을 여의고 선을 행하게 한다. 초강왕은 화탕지옥(火湯地獄)을 관장하며, 영가가 2주째 만나는 왕이다. 송제왕은 한빙지옥(寒氷地獄)을 관장하며, 영가가 3주째 만난다. 오관왕은 검수지옥(劍樹地獄)을 관장하며, 영가가 4주째 만나는 대왕이다.

염라대왕은 발설지옥(拔舌地獄)을 관장하며, 영가가 5주째 만나 업경대로 죄를 비추어 본다. 변성왕은 독사지옥(毒蛇地獄)을 관장하며, 영가가 6주째 만나는 대왕이다. 태산왕은 거해지옥(鉅骸地獄)을 관장하며, 마지막으로 영가의 죄를 심판하는 왕이다.

또한, 평등왕은 철상지옥(鐵床地獄)을 관장하는데, 영가가 100일째 만나 죄와 벌을 공평하게 한다. 도시왕은 풍도지옥(風塗地獄)을 관장하며, 영가가 1년(소상)째 만나는 왕이다. 전륜대왕(오도전륜대왕이라고도 함)은 흑암지옥(黑暗地獄)을 관장하는데, 영가가 3년(대상)이 되어 만나는 대왕이다. 그동안의 재판과정을 통해 명부에서 받은 형벌을 마친 중생들이 다시 인간, 아귀, 축생 등으로 태어나기 위해 길을 떠나는 시점이다.

* **육욕천(六欲天)** : 욕계의 사왕천(四王天), 도리천(忉利天), 야마천(夜摩天), 도솔천(兜率天), 낙변화천(樂變化天), 타화자재천(他化自在天)이다.

* **마정수기(摩頂授記)** : 부처님이 수기(授記)를 할 때 정수리를 만지면서 불과(佛果) 예언을 하는 의식이다. '불법을 널리 알리라고 하면서 제자의 정수리를 만진다'는 의미로 지극한 믿음을 나타내는 상징적 표현이기도 하다.

* **견뢰지신(堅牢地神)** : 땅을 관장하는 신. 불법이 포교되는 곳에 법좌(法座) 아래에서 설법자를 호위한다.

* **천룡팔부(天龍八部)** : 불법을 수호하는 신중이다. 천(天), 용(龍), 야차(夜叉), 건달바(乾闥婆), 아수라(阿脩羅), 가루라(迦樓羅), 긴나라(緊那羅), 마후라가(摩睺羅伽)의 팔신이다.

* **오쇠상(五衰相)** : 천인(天人)의 복락수명이 다할 때 나타나는 다섯 가지 모양이다. 머리에 핀 꽃이 시들고, 겨드랑이에서 땀이 나며, 정수리 광명이 사라지고, 눈을 많이 깜짝이며, 현재의 자리에 만족하지 않는 것이다. 천인오쇠(天人五衰)라고도 한다.

* **오신채(五辛菜)** : 맛이 매운 다섯 가지 채소로 파, 마늘, 달래, 부추, 흥거이다. 수양을 하는데 방해가 되는 자극성 있는 음식이다. 날것으로 섭취하면 화내는 마음을, 익혀서 먹으면 음심(淫心)을 일으킨다.

지방 신역 대원본존 지장보경
志邦 新譯 大願本尊 地藏寶經

초판 1쇄 발행 2018년 7월 1일

신역자	志邦
발행인	김경도
편집장	이선영
디자인	반야원
발행처	춘명
주 소	서울시 마포구 마포대로 4나길 46 덕성빌딩 2층
전 화	02-2654-3288
팩 스	02-2654-3287
출판등록	2008년 9월 9일(제2014-000168호)

Copyright ⓒ 2018, 志邦
ISBN 978-89-94676-14-2   03220
값 22,000원

이 책은 저작권법에 의해 보호를 받는 저작물이므로 무단전재와 복제를 금합니다.

이 도서의 국립중앙도서관 출판예정도서목록(CIP)은 서지정보유통지원시스템 홈페이지(http://seoji.nl.go.kr)와 국가자료공동목록시스템(http://www.nl.go.kr/kolisnet)에서 이용하실 수 있습니다. (CIP제어번호 : CIP2018018906)